Luis Ángel Campillos

Campos de dispersión
Una lectura biopolítica.
Una propuesta democrática

EDITORIAL COMARES

Granada 2025

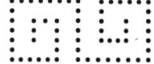
Imagen de portada:
L'Univers est créé, Paul Gaugin

Maquetación:
María García Asensio

Diseño editorial:
Virginia Vílchez Lomas

© Luis Ángel Campillos

© Editorial Comares, 2025
Polígono Juncaril
C/ Baza, parcela 208
18220 • Albolote (Granada)
Tlf.: 958 465 382
www.comares.com • E-mail: libreriacomares@comares.com
facebook.com/Comares • twitter.com/comareseditor • instagram.com/editorialcomares

ISBN: 978-84-1369-964-6 • Depósito Legal: Gr. 1012/2025

Impresión y encuadernación: COMARES

SUMARIO

INTRODUCCIÓN

El presente texto construye una propuesta política de carácter radicalmente democrático (si todavía podemos usar con pleno sentido libertario y comunitario este término hoy en día)[1], a la que llamaremos *campos de dispersión*. En el primer capítulo se introducirán los conceptos *biopolítica* y *bioPoder* sobre la distinción entre *zoé* y *bíos*, esto es, la vida en un sentido transversal y genérico (*zoé*) y los seres vivos concretos y sus modos de ser y participar con otros (*bíos*). Se mostrará que, por mucho que devenga dictatorial o totalizadora, ninguna autoridad puede reducir por completo el potencial vital de sus súbditos, luego siempre es posible la construcción de otras políticas.

Conectando ontología y política, el siguiente apartado, sobre la base (de aguas movedizas) de la filosofía de Deleuze-Guattari, presentará otro par de conceptos claves en nuestro discurso: lo virtual y lo actual, que asociaremos, respectivamente, con *lo político* y *las políticas*. A continuación, antes de pasar a dar cuenta de los elementos vertebradores de los (invertebrados) campos de dispersión, analizaremos el proceso de sujeción llevado a cabo por el poder. Es decir, cómo se genera la limitación del potencial político de ciertos seres (futuros súbditos) de cara al establecimiento de algún sistema que los integre, normalice y sujete (someta).

Una vez expuesto el mapa conceptual sobre el que trabajamos, como apuntábamos, el cuarto capítulo iniciará propiamente el análisis estructural de los campos de dispersión. Sobre la problemática del modo de organización, en concreto, acerca de la cuestión de las funciones de jefatura, se partirá del concepto *jefe indio* propuesto por Clastres, una figura paradójica: autoridad que no impone sino que *obliga* a no mandar ni obedecer. Asimismo, guerra y ley serán vinculados con la dimensión virtual, luego comprendidos en un sentido ontológico-político abismal, primigenio, en tanto fuente irreductible de conflicto.

---

[1]   Pues como ya advirtió Nicolás Gómez Dávila, «con el vocablo "democracia" designamos menos un hecho político que una perversión metafísica» (GÓMEZ DÁVILA, Nicolás, *Escolios a un texto implícito*, Girona, Atalanta, 2009, p. 31).

El capítulo posterior conversará con la lectura de Jesús Ezquerra sobre el ágora y la muralla en la *pólis* griega, concluyendo que el campo de dispersión dispondrá también de ágora, pero un tanto diferente, de cariz más bien vibratorio (voz del jefe indio), por lo que no será necesaria la construcción (física) de murallas. El juego y las diferencias entre el go y el ajedrez nos conducirán hasta las *máquinas de guerra*, habitantes-participantes de los campos de dispersión. Continuaremos desplegando sus funciones subversivas en torno a la reflexión en clave política del proceso físico de oxidación-reducción, es decir, la recuperación del potencial político que cierto ordenamiento extrae (absorbe) de sus súbditos al sujetarlos.

El proceso de comunicación en los campos de dispersión será el objeto de estudio de los capítulos siguientes. En primera instancia, desde un marco global, sobre la tesis de McLuhan (medios calientes – medios fríos y la crítica de la alfabetización), se enarbolará la función *atractor* (que conecta lo virtual-político con las políticas actuales generando relaciones horizontales, no jerárquicas) ejecutada por las máquinas de guerra. En segundo lugar, se analizarán, más específicamente, dos modos de comunicación: la oralidad y la escritura, así como sus respectivos espacios acústico y visual.

Imbricando esta vez tecnología y política, el siguiente capítulo tratará los procesos de *cajanegrización*, que convierten a los usuarios en meros consumidores. No obstante, no se rechaza el uso de la tecnología, que será siempre bienvenida al campo de dispersión en tanto herramienta política comunitaria y emancipatoria. Finalmente, rehusando cualquier modelo o solución final, concluiremos incidiendo en el carácter fragmentario, provisional, anónimo y nómada de todo campo de dispersión.

ZOÉ – BÍOS: EL PODER NO LO PUEDE TODO

En una cultura como la nuestra,
con una larga tradición de fraccionar
y dividir para controlar...[2]

En los estudios sobre biopolítica[3] subyace la distinción, que se remonta a Aristóteles, entre *zoé* y *bíos*. La primera remite a un ámbito físico, corporal, a la pura vida natural, estrictamente fisiológica; la segunda refiere a la dimensión política, a los modos de relación del cuerpo humano con otros cuerpos y a los efectos que producen estas relaciones. En otras palabras, «simple vida [zoé] y vida políticamente cualificada [bíos]»,[4] presentan una «división de la vida que, través de una serie de cesuras y de umbrales [...] cobra un carácter político del que estaba desprovista al principio».[5] Más allá de las diferentes acepciones,[6] de sus convergencias y divergencias, de los procesos históricos en que se inscriben, los conceptos *zoé* y *bíos* constituyen un potente punto de partida en el terreno de la filosofía política, o, diciéndolo con Miguel Abensour,[7] de la filosofía práctica. Por ejemplo, las valiosas (por significativas y minuciosas) investigaciones de Foucault[8]

---

[2] McLuhan, Marshall, *Comprender los medios de comunicación. Las extensiones del ser humano*, Patrick Ducher (trad.), Barcelona, Paidós, 1996, p. 29.

[3] Laura Bazzicalupo presenta un magnífico escenario de esta problemática en: Bazzicalupo, Laura, *Biopolítica. Un mapa conceptual*, Daniel J. García (trad.), Santa Cruz de Tenerife, Melusina, 2016.

[4] Agamben, Giorgio, *El uso de los cuerpos. Homo Sacer IV, 2*, César Palma (trad.), Valencia, Pre-textos, 2017, p. 229.

[5] *Idem*.

[6] He aquí otra opción: «*zoè*, que expresaba el simple hecho de vivir común a todos los vivientes (animales, hombres y dioses), y *bios*, que significaba la forma o manera de vivir propia de un individuo o un grupo» (*Ibidem*, p. 233).

[7] Abensour, Miguel, *Para una filosofía práctica. Ensayos*, Scheherezade Pinilla Cañadas y Jordi Riba (trad.), Barcelona, Anthropos, 2007.

[8] A partir de la Modernidad, por ejemplo, se regulan «procesos como la proporción de los nacimientos y las defunciones, la tasa de reproducción, la fecundidad de una población [...] el problema de la vejez [...] los accidentes, la invalidez, las diversas anomalías [...] las epidemias

revelan diferentes técnicas epocales que usa cierto Poder (que, aunque lo escribamos en singular, constituye un entramado de poderes normativos-autoritarios, de ahí la P mayúscula) cuyo objetivo principal es controlar esa dimensión política de los cuerpos. A lo largo de la Historia,[9] estas estrategias biopolíticas normalizan, tratan de definir un determinado *tipo* de ser humano (y otros seres), que ha de adaptarse[10] para caber en la horma que establece la cama de Procrustes del Poder.

Son muy diversas, en ocasiones muy atractivas y tan sutiles como efectivas. De hecho, muchas de esas técnicas de normalización, hoy en día, no suelen parecer violentas[11] *prima facie*. Por ejemplo, la publicidad regurgita por doquier mensajes optimistas[12] y la libertad parece flotar en el ambiente. No obstante, nos hallamos sumergidos en el reino del bioPoder. Perfúmese, aféitese, haga ejercicio, coma cereales integrales, disfrute de la comida rápida, no se moleste en ir a comprar a la tienda, pague para que se lo traigan a casa, póngase el cinturón, recicle, instale cámaras de seguridad en casa y váyase tranquilo de vacaciones, tómese esta pastilla para conciliar el sueño, calce estas zapatillas sin cordones, beba agua pura, olvídese de una vez por todas de la calvicie, rejuvenezca su piel, lea con una luz adecuada, coma fruta y verdura a diario…

---

ligadas a la presencia de terrenos pantanosos [...] sistemas de seguros de enfermedad o de vejez [...] reglas de higiene...» (FOUCAULT, Michel, *Hay que defender la sociedad*, Horacio Pons (trad.), Madrid, Akal, 2003, pp. 210-214).

[9] Aunque, de acuerdo con Foucault, las técnicas biopolíticas no comenzaron de modo general, masivo, sino más bien individual, cuerpo a cuerpo. Al hilo, recuérdese la lectura del episodio de Ulises y las sirenas que llevan a cabo Horkheimer y Adorno. Todo un ejemplo de biopolítica (en grupo reducido): Ulises, convertido en Poder, impide a los marineros que experimenten el canto de las sirenas. Sin duda, aparecen aquí la dominación (en la figura de Ulises) y la sumisión y el desamparo de sus siervos (HORKHEIMER, Max y ADORNO, Theodor W., *Dialéctica de la Ilustración*, Juan José Sánchez (trad.), Madrid, Trotta, 2024, p. 77). En la autobiografía del pintor George Grosz hallamos el paroxismo de este Ulises en el mundo neoliberal, en la figura del empresario como «gran reidor, que con sus risas ahuyentaba a los indeseables, los embaucaba con falsas esperanzas o con cualquier otra intención envuelta en su risotadas» (GROSZ, George, *Un sí menor y un No mayor*, Helga Pawlowsky (trad.), Madrid, Anaya, 1991, p. 302).

[10] He aquí el concepto *fitness* donde, valga el juego de palabras, el *fin-es* modelar los cuerpos para que se acomoden al molde impuesto.

[11] «La ilusión democrática es total, no tanto por la violación de los derechos cuanto por la simulación de las formas democráticas una vez que todo el mundo ha caído en la trampa de los signos del poder y comulgar con un funcionamiento trucado de la escena política» (BAUDRILLARD, Jean, *La agonía del poder*, Marisa Pérez Colina, Carrasco Conde (trad.), Madrid, Círculo de Bellas Artes, 2021, p. 47). «La violencia de hoy en día es una violencia que, paradójicamente –una vez más regresamos sobre esta figura– se expresa como antiviolencia, se exhibe como el cúmulo de las bondades de un sistema que solo quiere el bienestar de todos...» (*Ibidem*, p. 28).

[12] Véase: CABANAS, Edgar e ILLOUZ, Eva, *Happycracia*, Barcelona, Paidós, 2019.

Desde esta óptica, la dimensión del *bíos* procede del Poder (publicitario, político, económico...), es impuesta desde arriba[13] a los sujetos, a quienes se les otorgan ciertos derechos, prohíben determinadas acciones, prescriben deberes, ofrecen ayudas, cuidados y protección, ocio, negocio, felicidad... Juzgamos muy importante hacer hincapié en la dirección: en este caso es el Poder quien instala *su bíos* en la *zoé*, determinando ciertos modelos de ser humano así como vertebrando sus relaciones con los otros. Ello comporta una relevante reducción en el ámbito de la política. Parece que ya no podamos organizarnos de otras formas y resulte imposible eludir del orden establecido. El capitalismo actual se presenta con su disfraz de *necesario* y dificulta enormemente pensar ya no sólo en otros posibles modos de producción económica sino en otras formas de vida. Limitan nuestra capacidad política para crear otros mundos. Somos reducidos a cuerpos en tanto meros usuarios y consumidores. De ello habla «la reducción de la vida a su desnuda base biológica, la reducción del *bíos a la zoé*»,[14] que conlleva un menoscabo de nuestra potencia vital. Sólo podemos elegir entre las diversas alternativas que nos son proporcionadas. O esto o lo otro o aquello otro, pero siempre la lista es finita. Es decir, subyace la amenaza de la exclusión si se elige no elegir. Al igual que Dios en el cristianismo, concediendo el perdón, el *bíos* es, aquí, *gracias* al Poder. La dimensión política no se comprende desde esta perspectiva como la capacidad *activa* del ser humano de relacionarse y organizarse con otros, sino como una atribución que se recibe (pasivamente) del Poder. Y es entonces cuando este tipo de discursos conformistas resuenan: más vale malo conocido que bueno por conocer, pero ¿qué ocurriría si no hubiese un gobierno? ¡Peligro! Crisis, anarquía, caos, guerra, etc. No, no sigan, quedémonos como estamos, no perdamos lo que tanto nos ha costado conseguir... Pretenden que nos conformemos y vistamos la *bíos* que nos ofrecen, puesto que la desnudez[15] de la *zoé* nos deja a la intemperie, ateridos, muertos de miedo, sin derechos, a la deriva...

---

[13] Aunque proceda de muchísimos frentes, escribimos «arriba» para incidir en su carácter jerárquico.

[14] ESPOSITO, Roberto, *Comunidad, inmunidad y biopolítica*, Alicia García Ruiz (trad.), Barcelona, Herder, 2020, p. 115.

[15] *Nuda vida* que desarrolla Giorgio Agamben en el primer volumen de *Homo sacer. El poder soberano y la nuda vida*, Antonio Gimeno Cuspirena (trad.), Valencia, Pre-textos, 2005. Esta *nuda vida* supone una «exclusión inclusiva» (AGAMBEN, Giorgio, *El uso de los cuerpos. Homo Sacer IV, 2, op. cit.*, p. 291), es decir, el Poder absorbe cierto potencial vital del ser humano, no permitiéndose ser tan potente como es (exclusión) y luego lo introduce, una vez de-potenciado, en su redil (inclusión). De hecho, aquí se ancla la tesis de Agamben de que «el Estado no se funda en un vínculo social, sino en la prohibición de su disolución» (*Ibidem*, p. 263), es decir, el Estado aparece una vez ha absorbido el potencial de los que serán sus súbditos, a los que posteriormente mantendrá unidos, vinculados, por obligación.

Sin embargo, existe una «ambivalencia constitutiva de la biopolítica atribuible tanto a los mecanismos de normalización de las conductas, como las "resistencias" o las "contra-conductas"».[16] Así que podemos estudiar el problema desde la otra orilla. No partiendo de las técnicas biopolíticas del Poder (bioPoder) con base en esa reducción de la que hablábamos, sino luchando a la contra, desde la capacidad política que ostentan los cuerpos *sólo* por el hecho de ser cuerpos.[17] Rechazamos entonces la *bíos* que nos encorseta el Poder, que, dicho sea de paso, no lo puede todo. Podrá empeñarse en ser global o totalitario, pero nunca será completo, perfecto, final (haciendo escala en la ontología, enseguida veremos por qué). Pensemos esta alternativa antagonista, esta segunda opción, *from below*, al modo del historiador E. P. Thompson, a partir de las subjetividades (no sujetadas o que ansían quebrar sus argollas), buscando modos de luchar,[18] de elaborar contra-políticas o políticas subversivas que generen vínculos (*bíos*) entre los cuerpos (*zoé*) sin reducir un ápice sus potenciales. En definitiva, tejer nuestros propios *bíos*.

Escribíamos líneas arriba que ningún Poder puede ser completo, perfecto, final. La explicación versará sobre estos tres niveles: a) lo que somos; b) lo que el Poder es; c) aquello que hace posible que seamos también hace posible el Poder. En primer lugar, lo que somos. El ser humano, como cualquier otro ente, no es sino otro modo de ser de la naturaleza (entendida como todo lo real), esa sustancia *antisustancialista*[19] spinoziana. Ningún ser es una copia de un modelo preexistente (ideal): lo que somos no viene predeterminado por alguien *superior*. Por lo tanto, ningún molde nos limita de antemano. Disponemos de fuerzas y potenciales siempre cambiantes, que dependen del contexto en el que nos situemos (con quiénes nos relacionemos) y lo que hagamos para aumentar o disminuir nuestra fuerza. Porque no somos más que conjuntos de relaciones potenciales, configuraciones de fuerzas, el Poder ha de permanecer en todo instante vigilante ante nuestros movimientos imposibles de predeterminar con exactitud, pues una manifestación autorizada *podría* derivar en barricada.

En segundo lugar, lo que el Poder es. Este se genera a partir de la absorción de parte de nuestros potenciales, cual chupóptero (o vampiro, en términos de

---

[16] BAZZICALUPO, Laura, *Biopolítica. Un mapa conceptual*, op. cit., p. 75.

[17] He aquí el concepto *formas-de-vida* que desarrollan tanto el colectivo Tiqqun como Agamben: «por el término forma-de-vida entendemos [...] una vida que nunca puede separarse de su forma, una vida en la que nunca cabe aislar y mantener separada algo como una nuda vida» (AGAMBEN, Giorgio, *El uso de los cuerpos. Homo Sacer IV, 2*, op. cit., p. 233).

[18] «La liberación se realiza en la lucha» (BEY, Hakim, *T.A.Z.*, Valentina Maio (trad.), Madrid, Enclave, 2014, p. 149).

[19] «La sustancia-naturaleza es, por lo tanto, antisustancialista; no es más que un modo de vivir» (BAZZICALUPO, Laura, *Biopolítica*, op. cit., p. 139).

Marx). Si nos elimina, si nos mata, Él también se disolvería, luego no debe hacerlo si pretende sobrevivir. Su objetivo es absorber, reconducir, redistribuir nuestros potenciales para mantener su primacía y evitar posibles desórdenes. Por ejemplo, si le conviene que los humanos posean un cuerpo fuerte para poder rendir más en el trabajo asalariado, sus biopolíticas se dirigirán a fomentar estos aspectos. Igualmente ocurre con la sexualidad, la sanidad, la natalidad, la inmunización,[20] etc. Es decir, en todo ámbito que requiera ciertas formalizaciones del cuerpo (y mente, obviamente). No hay que tener más que *x* hijos, sólo se puede ser hombre o mujer, deben vacunarse periódicamente, retirarse la capucha para la foto del carnet de identidad, buscar trabajo ... Muchas de estas políticas suponen, en última instancia, limitaciones de nuestros potenciales. Parece que no podamos hacer otra cosa que seguir ese camino que deviene horma. Pero el Poder siempre tendrá trabajo, pues necesita que aceptemos sus recomendaciones, que atendamos sus indicaciones, en suma, que obedezcamos. Y, de nuevo, ha de permanecer ojo avizor ante posibles desobediencias que supongan un peligro para su estabilidad.

En tercer lugar, tanto *lo que somos como lo que el Poder es* procede de un potencial abismal (*caos* nietzscheano), un marco primigenio de indeterminación, diversidad y diferencia. Asimismo, esta potencia abismal que produce nuestra libertad, nuestra capacidad de acción y elección, puede ejecutarse en dos grandes sentidos:[21] a) como Poder vertical, ya sea haciendo las veces de amo o súbdito; b) como contra-poder horizontal (anti-jerárquico), sin mandar ni obedecer. Esta segunda opción, reiteramos, supone un peligro constante para el Poder. De ahí que deba actuar ininterrumpidamente, con los ojos bien abiertos, sin pestañear. Diciéndolo con Arendt, el Poder necesita movimiento, leyes del movimiento que impidan los cambios bruscos, los imprevistos, las irrupciones, las catástrofes: «el terror es la realización de la ley del movimiento; su objetivo principal es hacer posible que la fuerza de la Naturaleza o la Historia corra libremente a través de la Humanidad sin tropezar con ninguna acción espontánea».[22] Nótense esas mayúsculas en los términos Naturaleza, Historia y Humanidad, que hablan de

---

[20] Si el *munus* de la co-munidad comporta una «tarea», un «deber» (ESPOSITO, Roberto, *Comunidad, inmunidad y biopolítica, op. cit.*, p. 25), la in-munización deriva en una impotencia, en un no-deber, en una pasividad: el habitante ya no participa de forma activa en la política sino que simplemente realiza las tareas que le son encomendadas. En la delegación, en la representación, esto es, en las democracias indirectas, opera en líneas generales este paradigma inmunitario (anti-democrático).

[21] Según lee Deleuze en Nietzsche: bien activo, positivo, emancipador, libertario; bien reactivo, negativo, autoritario, sumiso (DELUZE, Gilles, *Nietzsche y la filosofía*, Carmen Artal Rodríguez (trad.), Barcelona, Anagrama, 2008).

[22] ARENDT, Hannah, *Los orígenes del totalitarismo*, Madrid, Taurus, 1998, p. 564.

esencias[23] fijas en tanto modelos que operan cuales fundamentos de un orden impositivo. Mas sabemos que las esencias sólo son construcciones epistémicas, culturales, sociales, históricas... que en ningún caso preexisten. Dado este abismo potencial, del que nos vamos a ocupar con más detalle en el siguiente capítulo, ni el Poder ni nadie puede acotar lo que puede un cuerpo,[24] de acuerdo con Spinoza. Porque un cuerpo no es una sustancia atómica (individuo-indivisible) sino cierta configuración de fuerzas, abierta a otras relaciones *exteriores*. Por mucho que el Poder insista en la necesidad de la identidad, en la identificación exacta de sus súbditos, no existen límites precisos entre unos cuerpos y otros: todas las fronteras son porosas. El cuerpo, indudablemente, puede. Incluso *muerto*: puede dar de comer a los gusanos,[25] puede generar recuerdos en otros, puede... Obviamente, incidimos en ello, hemos de desprendernos de la concepción de cuerpo como un individuo atómico[26] encerrado en una identidad. Lo que puede un cuerpo depende de muchísimos factores: de lo que coma, lo que lea, con quien se relacione, lo que piense, en definitiva, lo que haga... De ahí que, a causa de esta indeterminación radical del cuerpo (siempre en relación, en devenir), ninguna biopolítica será la definitiva, la última, la final, pues el Poder necesita súbditos y los súbditos disponen de un potencial y en este potencial se halla, como sabemos, no sólo la posibilidad de adaptarse a los cánones y a las fórmulas prescritas sino también la capacidad subversiva de desobediencia.[27] En definitiva, el Poder siempre va a tener trabajo, deberá estar atento... porque *podemos desobedecer*. Incluso (¿por qué no?) también Él podría cambiar y convertir en minúscula su mayestática P. La aparición de focos revolucionarios es posible, siempre es posible. Ahora bien, no aparece por arte de magia, ha de hacerse efectiva.

---

[23] «Las esencias son solamente *generalidades reificadas*, entidades meramente lingüísticas a las que se les otorga una realidad que no poseen» (DeLanda, Manuel, *Ciencia intensiva y filosofía virtual*, Pablo Veas Orellana (trad.), Buenos Aires, Tinta Limón, 2024, p. 37).

[24] Exactamente, leemos en el escolio de la Proposicón II de la Parte tercera de su *Ética*: «Y el hecho es que nadie, hasta ahora, ha determinado lo que puede el cuerpo» (Spinoza, Baruch, *Ética*, Vidal Peña (trad.), Madrid, Alianza, 2018, p. 212).

[25] «¿Qué pasa cuando muero? [...] ¡Alimentaré a los gusanos! "Alimentaré a los gusanos" quiere decir que las partes que me compone entran bajo otra relación» (Deleuze, Gilles, *En medio de Spinoza*, Equipo Editorial Cactus (trad.), Buenos Aires, Cactus, 2019, p. 425).

[26] «El sistema finito que representa el átomo aislado no es [...] más que una abstracción» (Prigogine, Ilya y Stengers, Isabelle, *Entre el tiempo y la eternidad*, Javier García Sanz (trad.), Madrid, Alianza, 1990, p. 205)

[27] Intensas prácticas revolucionarias que estudia con detalle: Didi-Huberman, Georges, *Desear. Desobedecer. Lo que nos levanta, 1*, Juan Calatrava y Alessandra Vignotto (trad.), Madrid, Abada, 2020; Didi-Huberman, Georges, *Imaginar. Recomenzar. Lo que nos levanta, 2*, Juan Calatrava (trad.), Madrid, Abada, 2023.

En resumidas cuentas, el Poder es bifaz: a) en el plano energético, se nutre de parte de los potenciales de aquellos que somete; b) en el plano político, se dedica a organizar y controlar los nuevos flujos para que se mantenga el orden establecido. Visualicémoslo como: a) boca y nariz, por donde inhala energía, potencial; b) ojos, que exhalan control político. Sin embargo, la parte a) suele estar oculta, pasa más desapercibida. De hecho, si nos acercamos a una cámara de seguridad, nos toparemos sólo con su ojo inquisidor, registrador. Pero tenemos que verla (comprenderla) también provista de boca y nariz, por donde absorbe parte de nuestra energía. Esa es la clave.

Para finalizar esta introducción regresemos al par *zoé-bíos* con el propósito de señalar muy brevemente cuatro inconvenientes que presenta este marco conceptual (y por lo cual, en su lugar, usaremos a continuación el par *virtual-actual* deleuziano). En primer lugar, como venimos diciendo, puede emitir ciertos matices individualistas, concibiendo al ser humano como una unidad estrictamente atómica. Así, *zoé* sería el cuerpo humano, lo físico del individuo (indivisible), y *bíos* daría cuenta de su ingreso en una cierta comunidad, sobre las relaciones con los otros (también individuos). Ello nos conduciría a comprender los entes como individuos y las sociedades como conjuntos de estos, lo que deriva en una rígida separación entre sujetos y un menoscabo de las relaciones, así como un olvido del mundo (*exterior)* que comparten (las *interioridades)*. En segundo lugar, cabría una lectura idealista, asociando la dimensión *zoé* con lo material, lo corporal, lo físico, y *bíos* con lo inmaterial, lo cultural. Sobre este terreno se asientan paradigmas fijistas y trascendentes que afirman que no se puede cambiar el mundo porque las políticas operan en un ámbito que nos supera, están más allá y pueden mucho más que nuestros simples cuerpos. En tercer lugar, una interpretación esencialista-naturalista[28] presentaría una concepción estática (*zoé)* del ser humano que determinaría los modos de relación, es decir, el universo cultural-político *(bíos)*. Desde esta línea, por ejemplo, si el ser humano es, en esencia, racional, debemos hacer políticas sobre esta base, racionales, lo cual puede desembocar en prácticas denigrantes hacia aquello que sea catalogado como irracional, como ocurrió con los nativos americanos bajo los *descubridores* de América y tantas y tantas otras exclusiones discriminatorias y vejatorias. En cuarto y último lugar, los seres

---

[28] Resuenen aquí las palabras de Arendt: «*zoon politikon*: como si hubiera en *el* hombre algo político que perteneciera a su esencia. Pero esto no es así; el hombre es a-político» (ARENDT, Hannah, *¿Qué es la política?*, Rosa Sala Carbó (trad.), Barcelona, Paidós, 2001, p. 46). Y, en el mismo sentido, apunta Capizzi que el zoon politikon aristotélico hacía «referencia más al carácter griego que a la humanidad en general» (CAPIZZI, Antonio, *La República cósmica. Apuntes para una historia no peripatética del nacimiento de la filosofía en Grecia*, Jose María Villoria (trad.), Zaragoza, Prensas de la Universidad de Zaragoza, 2024, p. 131).

humanos no son los únicos que construyen sistemas políticos (entendidos en un amplio sentido, como modos de organización o entramados de relaciones), pues estos aparecen por doquier y no sólo en el mundo macroscópico animal, vegetal o mineral. No debemos asociar, por tanto, política con ser humano, pues todos los seres *(zoé)* se relacionan y organizan de diversas fornas (configuran su *bíos*) y esto supone, en última instancia, políticas. En suma, en tanto sistemas reductores de la capacidad política de los cuerpos, rechazamos de plano los siguientes *-ismos:* individualismo, idealismo, esencialismo y antropocentrismo.

GIRO HACIA EL BINOMIO
VIRTUAL-ACTUAL

Concibiendo la filosofía como el arte de crear conceptos,[29] en palabras de Esposito, debemos

> hacer un esfuerzo propiamente filosófico de nueva elaboración conceptual [...] Es momento de repensar la relación entre política y vida en una forma que, más que someter la vida a los dictados de la política [...], inserte en la política la potencia de la vida.[30]

Si en la introducción se ha expuesto el marco general crítico del que partimos, gracias a pensadores como Foucault, ahora pretendemos ir más allá. No sólo llevar a cabo un análisis crítico de las relaciones de poder y de los modos de gobierno sino enarbolar una propuesta constructiva sobre la base de la filosofía de Deleuze y Guattari. Por las razones expuestas líneas arriba (para evitar el paradigma individualista, idealista, esencialista y antropocentrista) y abrir el marco de investigación, desde una ontología[31] de fuerzas como la que despliega Deleuze en su lectura de Nietzsche,[32] transformaremos el par *zoé-bíos* por el de *virtual-actual*. A pesar de sus similitudes, ambas parejas no se corresponden: *zoé* no es lo virtual y *bíos* lo actual. Ni viceversa. La intención es ampliar al máximo el universo conceptual, imbricar política y ontología, señalando el criterio de la potencia como eje transversal de la presente propuesta política.

---

[29] DELEUZE, Gilles y GUATTARI, Felix, *¿Qué es la filosofía?* Thomas Kauf (trad.), Barcelona, Anagrama, 2001.

[30] ESPOSITO, Roberto, *Comunidad, inmunidad y biopolítica, op. cit.*, p. 138.

[31] «Asumiendo el discurso un pliegue que lo desplaza desde el terreno más tradicional de la antropología o de la filosofía política a aquel, más radical, de la ontología» (*Ibidem*, p. 63).
Véase, al hilo, nuestra propuesta de ontología de fuerzas: CAMPILLOS, Luis Ángel, *Gusanos y goteras. Ontología de fuerzas. Texturas. Modos de habitar*, Zaragoza, Prensas de la Universidad de Zaragoza, 2025.

[32] DELEUZE, Gilles, *Nietzsche y la filosofía, op. cit.*

Cuando nos referíamos líneas arriba al *potencial abismal* como productor tanto de lo que somos como de lo que el Poder es, hablábamos de lo virtual.[33] De acuerdo con su etimología, «la "virtud" de algo constituye su "capacidad"».[34] El concepto *virtual* no refiere al mundo cibernético ni alude a lo inmaterial sino que habla de potencia, de potencia *real,* pero distinta de lo actual. En su lectura de Bergson, Deleuze incide en la importancia de evitar pensar lo virtual como mera posibilidad:

> Lo virtual se distingue de lo posible al menos desde dos puntos de vista. En efecto, desde un determinado punto de vista lo posible es lo contrario de lo real, se opone a lo real; pero también lo virtual se opone a lo actual, lo cual es algo completamente distinto. Debemos tomar en serio esta terminología: lo posible no tiene realidad (aunque pueda tener una actualidad); inversamente, lo virtual no es actual, pero posee *en cuanto tal* una realidad [...]. Por otra parte, desde un punto de vista distinto, lo posible es lo que se realiza (o no se realiza); ahora bien, el proceso de realización está sometido a dos reglas esenciales, la de la semejanza y la de la limitación. La razón estriba en que se considera que lo real es a imagen de lo posible que realiza (solo tiene de más la existencia o la realidad, lo cual se traduce diciendo que desde el punto de vista del concepto no hay diferencia entre lo posible y lo real). Y como no todos los posibles se realizan, la realización implica una limitación por la que determinados posibles se consideran rechazados o impedidos, mientras otros *pasan* a lo real. Lo virtual, por el contrario, no tiene que realizarse sino que actualizarse; y la actualización ya no tiene como reglas la semejanza y la limitación, sino la diferencia o la divergencia y la creación [...]. En resumen, lo propio de lo virtual es existir de tal forma que solo se actualiza diferenciándose, que se ve forzado a diferenciarse, a crear sus líneas de diferenciación para actualizarse. ¿Por qué recusa Bergson la noción de posible en beneficio de la de actual? Porque, precisamente en virtud de los caracteres precedentes, lo posible es una falsa noción, fuente de falsos problemas. Se supone que lo real se le asemeja, es decir, que se da un real ya hecho, preformado, que preexiste a sí mismo y que pasará a la existencia siguiendo un orden de limitaciones sucesivas. Está ya *todo dado,* todo lo real en imagen, en la pseudoactualidad de lo posible. El juego malabar se hace entonces evidente [...]. A partir de aquí ya no se comprende nada ni del mecanismo de la diferencia, ni del mecanismo de la creación.[35]

---

[33] Sobre el concepto de lo virtual, desde la relación con la ciencia, véase: DELANDA, Manuel, *Ciencia intensiva y filosofía virtual, op. cit.*; o desde una mirada más propiamente *filosófica*: SOURIAU, Étienne, *Tener un alma. Ensayo sobre las existencias virtuales*, Sebastián Puente (trad.), Buenos Aires, Cactus, 2021.

[34] HARAWAY, Donna, *Las promesas de los monstruos*, Jorge Fernández (trad.), Salamanca, Holobionte, 2019, p. 108.

[35] DELEUZE, Gilles, *El bergsonismo*, Luis Ferrero Carracedo (trad.), Madrid, Cátedra, 1997, pp. 98-103.

La clave es, por lo tanto, evitar asociar lo virtual con la limitación, la reducción, la subsunción a un modelo de ser. Si afirmamos que algo es posible porque encajaría, porque podría ser o formar parte de cierto contexto determinado, no hablamos de lo virtual. Al contrario que lo posible, lo virtual, como leíamos en la cita anterior, «existe de tal forma que solo se actualiza diferenciándose». Este modo de comprender la diferencia como acción creadora[36] es crucial, tanto para la filosofía deleuzo-guattariana como para la propuesta política que construiremos aquí, sobre estos cimientos conceptuales. Lo virtual es indeterminado, indómito, no puede ser controlado de antemano, manipulado, editado. Emerge de súbito. Su actualización (realización) es creación, diferenciación.

Lo virtual supone todo lo que podemos hacer (que siempre es con otros); y lo actual, por su parte, habla de lo que llevamos a cabo efectivamente (que, también, siempre es con otros). E, importante, el hecho de que lo virtual *exista* comporta que la alteridad no es reductible, es decir, no se puede determinar por completo un marco de acción (o un sistema político). Las acciones que vamos ejecutando (actuales) retroalimentan los potenciales virtuales: la alteridad seguirá *ahí* (¿dónde?, ¿cómo? No hay modo de saberlo), virtualmente presente o latente. En definitiva, los potenciales virtuales y actuales no son agotables ni cancelables. Ambas dimensiones están interconectadas.[37] Así pues: hemos de integrar lo que hacemos (actual) junto con lo «por hacer»[38] (virtual). Y esto último ha de entenderse como una riqueza, un verdadero tesoro, pues proporciona la libertad de poder seguir haciendo (de forma diferencial): transformando.[39]

---

[36] DELEUZE, Gilles, *Diferencia y Repetición*, María Silvia Delpy (trad.), Buenos Aires, Amorrortu, 2017.
[37] «No puedo captar separadamente ni la existencia llana y simple de la cosa física, por ejemplo, en cualquier caso dada concretamente, sin su halo de llamadas hacia una consumación; ni la virtualidad pura de esa consumación, sin los datos confusos que la bosquejan y la llaman en lo concreto» (SOURIAU, Étienne, *Los diferentes modos de existencia*, Sebastián Puente (trad.), Buenos Aires, Cactus, 2017, p. 233.
[38] DeLanda cita a Deleuze: «A lo virtual le corresponde la realidad de una tarea por cumplir o un problema por resolver» (DELANDA, Manuel, *Ciencia intensiva y filosofía virtual*, op. cit., p. 180). En: DELEUZE, Gilles, *Diferencia y Repetición*, op. cit., p. 319). Los potenciales virtuales «son reales pero no necesariamente actuales si las tendencias no están siendo manifestadas o las capacidades ejercitadas» (DELANDA, Manuel, *Teoría de los ensamblajes y complejidad social*, Carlos DeLanda Acosta (trad.), La Plata, Tinta Limón, 2021, p. 38)
[39] «El puente que nadie piensa en construir, cuya posibilidad incluso se ignora, pero cuyos materiales están ahí todos […] Vivimos en medio de una selva de virtuales desconocidos, algunos de los cuales son quizá admirables, adecuados para colmarnos, y que ni siquiera pensamos en mirar, en realizar, aunque más no fuera en sueños» (SOURIAU, Étienne, *Los diferentes modos de existencia*, op. cit., pp. 160-161).

Asimismo, lo que podemos hacer (hablamos de potencia y no de posibilidad) depende de las relaciones de las que participemos, pues no partimos de sujetos ya hechos, autárquicos, sino en constante construcción, en conformación. Las combinaciones de fuerzas presentan un exceso, nunca determinan por completo todas las posibilidades (toda lista será incompleta). Lo virtual siempre ofrece alternativas (aunque, obviamente pueden ser hostiles a nuestras expectativas), abre el campo relacional. Lo comprobamos enseguida, lo virtual es el mayor enemigo del Poder. Sin lo virtual, que puede desencadenar (al actualizarse) el potencial revolucionario, el Poder dispondría de súbditos perfectos... También, dado lo virtual, los actuales pensadores libertarios pueden cambiar y trocar reaccionarios. Y, además, sin lo virtual, el Poder seguramente se aburriría enseguida pues sus biopolíticas resultarían infalibles. No necesitaría ojos en sus cámaras de seguridad, inhalaría nuestra energía mas no exhalaría control y acabaría reventando. Además, ¿cómo podría el capitalismo actual desprenderse del factor riesgo que mueve montañas (de dinero)? El riesgo que asumen supone hacer del mundo que dominan un tablero de juego. Se divierten observando a sus títeres retozar en un espacio de libertad ilusorio. Nuestra libertad está determinada por su factor riesgo. De ahí que vayan abriendo el grifo antes de que nos asfixiemos o cerrándolo si empezamos a resultar peligrosamente libres. Les debe resultar más *divertido* diseñar planes biopolíticos con cierto factor de riesgo, plantear hipótesis, elaborar estadísticas, etc., pues un grado absoluto *de borreguismo servil*[40] humano no les aportaría mucha diversión. Imagínense a los gladiadores del circo romano dejándose matar, no luchando *a muerte* por su libertad, vaya espectáculo más deprimente.

Retomando el carácter indeterminista, aleatorio, diferencial, plural, que imprime lo virtual a todo lo real, situémonos a continuación junto al simposio de científicos[41] celebrado en el año 1985 en el teatro-museo Dalí de Figueres, al que acudieron eminentes *mentes* como Rene Thom o Ilya Prigogine. Podemos vislumbrar variadas referencias a lo virtual, claves en los discursos científicos que rechazan el determinismo. En palabras del ecólogo Ramón Margalef:

> La decisión se caracteriza porque el número de alternativas viables es mucho menor que el número de configuraciones posibles sobre las que debe pasarse el proceso de decisión. Y es probablemente por lo que se dice que la selección natural puede extraer «orden» del «caos».[42]

---

[40] Ya atisbado por Étienne de La Boétie en el siglo XVI. Véase: LA BOÉTIE, Étienne, Jorge Álvarez Yágüez e Isabel Sobrino Mosteyrín (trad.), *Discurso sobre la servidumbre voluntaria*, Madrid, Akal, 2022.

[41] WAGENSBERG, Jorge (ed.), *Proceso al azar*, Joaquín Boya, Alfons Cornellá *et al* (trad.), Barcelona, Tusquets, 1986.

[42] WAGENSBERG, Jorge (ed.), *Proceso al azar*, op. cit., p. 136.

Todo orden (cosmos) se extrae del caos pero este siempre subyace,[43] no es *ordenable* por completo. Dicho de otro modo: ninguna decisión agota la paleta de alternativas. Por ende, toda decisión, toda acción, es una *entre* otras posibles.[44] Y este *entre* es fundamental porque nos lleva al tema del espacio de posibilidades, a Hannah Arendt[45] en su crítica de la filosofía política comprendida como un objeto de saber que parte de ciertas categorías preestablecidas, de diversas filosofías canónicas, como, por ejemplo, la platónica o la aristotélica. Para evitar subsumir a la política bajo cierta fórmula, aquella debe subyacer siempre, como le ocurre al caos con el cosmos. O lo que es lo mismo, la política va más allá de ciertas políticas. Por ello, para incidir en su carácter indeterminado, diferenciemos ese espacio del que emerge cualquier política: de ahí que prefiramos usar el término *lo político,*[46] asociándolo con la dimensión virtual. Esta consideración de lo virtual y lo político como *espacio* es crucial porque evita cualquier lógica abstracta o metafísica idealista.[47] Nos movemos en una ontología materialista, práctica. El espacio de lo político, al ser virtual, es un espacio común, no privativo de ciertas políticas sino una fuente abismal de alternativas. Pese a los denodados esfuerzos de cualquier Poder por reducir *lo político* a cenizas, estas, en palabras de Didi-Huberman,

---

[43] «Caos nunca murió. Bloque primordial sin esculpir [...] Caos precede a todo principio de orden» (BEY, Hakim Bey, *T.A.Z.*, *op. cit.*, p. 49). O, según un canto maorí: «Caos nunca visto [...] No poseído, no aprobado [...] Intocado e intocable» (*Ibidem*, p. 70).

[44] No obstante, se ha de tener mucho cuidado de no confundir lo virtual con lo posible, de ahí que, por ejemplo, Souriau, para establecer una distinción clara (¡que no cartesiana!) entre ambas, afirme: «lo posible no es en realidad más que una variedad de lo imaginario» (SOURIAU, Étienne, *Los diferentes modos de existencia*, *op. cit.*, p. 157). De esta forma, lo virtual no es una mera posibilidad, algo que nos podamos imaginar en tanto que pudiese ocurrir... dado que ello hablaría más bien de lo imaginario.

[45] ARENDT, Hannah, *¿Qué es la política?*, *op. cit.* Jesús Ezquerra en su lectura del principio de la política en Grecia retoma la importancia de este concepto: «la política surge en ese *entre, es* ese *entre*» (EZQUERRA GÓMEZ, Jesús, *Pólis y caos. Reflexiones sobre el principio de la política*, Zaragoza, Prensas de la Universidad de Zaragoza, 2021, p. 23). Dicho de otro modo: cualquier ordenamiento surge del caos: «el caos griego designa, por lo tanto, apertura [...] es el *entre*. Pero un *entre* que no presupone los términos que lo acotan, circunscriben o cercan. Por el contrario, estos lo presuponen a él» (*Ibidem*, p. 92).

[46] «Si quisiéramos expresar dicha distinción de un modo filosófico, podríamos decir, tomando el vocabulario de Heidegger, que "la política" se refiere al nivel "óntico", mientras que "lo político" tiene que ver con el nivel "ontológico"» (MOUFFE, Chantal, *En torno a lo político*, Soledad Laclau (trad.), Buenos Aires, Fondo de Cultura Económica, 2007, p. 15).

[47] «En una ontología realista (como opuesto a una idealista), tenemos que ser muy cuidadosos en garantizar que los términos teóricos que se utilizan *tengan un referente real*. Por decirlo crudamente, ni el término "mercado" ni el de "Estado" tal como son usados en la ciencia social tienen referente. Son meras generalidades reificadas» (DELANDA, Manuel, *Teoría de los ensamblajes y complejidad social*, *op. cit.*, p. 27)

pueden devenir luciérnagas. [48] En suma, *lo político* no es agotable. En este sentido, volviendo al simposio de Figueres, véase la crítica a las democracias actuales: «no es de extrañarse que la democracia se preocupe más en complicar las estructuras de decisión que en aumentar realmente las alternativas de acción posibles. A mí me parece lamentable». [49]

Esta nueva visión de la ciencia resalta la importancia de lo virtual. Las leyes naturales no se comprenden como determinaciones sino todo lo contrario:

> Una ley natural es más una prohibición a cierto conjunto de sucesos que la obligación determinante de uno de ellos [...] una ley de la naturaleza es la expresión de que cierto dominio de las trayectorias virtuales no se proyecten en el espacio de la realidad [...] Ley y libertad son así perfectamente compatibles. [50]

Dicho de otro modo: «un suceso no puede, por definición, ser deducido de una ley determinista: implica, de una u otra manera, que lo que se ha producido "hubiera podido" no producirse y, por ello, remite a posibles que ningún saber puede reducir». [51] Podríamos agregar citas y más citas en el mismo sentido, sobre el que insisten con fuerza, entre otros muchos pensadores, Ilya Prigogine e Isabelle Stengers, y que nos lleva a entender el mundo como lugar común, necesariamente abierto a la participación que, muchas veces, no es esperada sino que emerge espontáneamente, como quería Arendt. Esto es, «un "mismo" mundo y un mundo irreductiblemente múltiple». [52] El determinismo, en opinión del premio Nobel de física Wolfgang Ernst Pauli, «ni siquiera es un sueño deseable». [53] ¿Por qué? Porque implicaría afirmar, por ejemplo, que nuestra libertad es una ilusión. [54]

Resumiendo hasta aquí: ese exceso de fuerza procedente de lo virtual *puede* ser ejecutado de forma subversiva, desobedeciendo los dictados del Poder y

---

[48] DIDI-HUBERMAN, Georges, *Supervivencia de las luciérnagas*, Juan Calatrava (trad.), Madrid, Abada, 2017.

[49] WAGENSBERG, Jorge (ed.), *Proceso al azar, op. cit.*, p. 137.

[50] Estas son palabras de Jorge Wagensberg en un coloquio tras una de las conferencias (*Ibidem*, p. 141).

[51] PRIGOGINE, Ilya y STENGERS, Isabelle, *Entre el tiempo y la eternidad, op. cit.* p. 53.

[52] *Ibidem*, p. 75.

[53] *Ibidem*, p. 149.

[54] En este punto emerge un línea de investigación: ¿se podría conjugar —aun a riesgo de no ser *adecuado* tratar de acoplar dos concepciones tan diferentes del universo— la filosofía determinista de Spinoza con la indeterminación ontológica (con base en la física cuántica), fuente de libertad? Si como afirma Jesús Ezquerra en su lectura: a) del no ser no procede nada y del ser proviene todo; b) este ser es la substancia o Dios o la Naturaleza; c) «la determinación es negación» (EZQUERRA GÓMEZ, Jesús, *Un claro laberinto. Lectura de Spinoza*, Zaragoza, Prensas de la Universidad de Zaragoza, 2014, p. 14); y d) Dios es lo absolutamente indeterminado: ¿lo indeterminado no será causa, necesariamente, de indeterminaciones (afirmaciones, modos de ser de la substancia-Dios-Naturaleza)? Siguiendo este hilo argumentativo, ¿no sería el determinismo ilusorio y no al contrario?

tratando de construir otras formas de vida. O al contrario, sometiéndose ale-gremente (esto es: tristemente, diciéndolo con Spinoza, pues el sometimiento comporta menoscabo de la potencia). El conflicto entre estos dos grandes modos de obrar es evidente. Y aún más: dado lo virtual, permanente. Sabemos que, sin lo virtual, dimensión material-energética donde habita la indeterminación y el azar, la realidad no sería más que una estructura determinada y determinante y nuestra libertad pura fantasía. Asimismo, lo virtual no puede ser actualizado de una vez por todas, luego ninguna política puede ser la definitiva. Bien ha de ir afinando sus técnicas para readaptar a los súbditos con eficiencia; bien buscando continuamente modos de evitar convertirse en (o someterse a) algún Poder. Sobre esta última línea trataremos de construir una propuesta conceptual: los *campos de dispersión*. Se trata de, diciéndolo con Deleuze-Guattari, líneas de fuga,[55] devenires revolucionarios para que los potenciales vitales de los cuerpos persistan en su fuerza (*conatus* spinoziano), construyan poderes comunitarios y contra-poderes y no se subsuman[56] o arrodillen ante los mandamientos auto-ritarios de cierto ordenamiento político.

---

[55] DELEUZE, Gilles y GUATTARI, Felix, *Mil mesetas. Capitalismo y esquizofrenia*. José Vázquez Pérez (trad.), Valencia, Pre-textos, 1997.

[56] El subsumir es un prejuicio, una forma de obediencia, un no pensar o «un juzgar sin criterios» (ARENDT, Hannah, *¿Qué es la política?*, *op. cit.*, p. 54).

EL PODER
Y LA PRODUCCIÓN DE SUJETOS[*]

Sobre los géiseres de la filosofía de Gilles Deleuze, nos detendremos ahora en los procesos de sujeción, es decir, en analizar cómo cierto Poder reduce el potencial de los seres (no sólo humanos) convirtiéndolos en súbditos de su ordenamiento autoritario. Tomando varios conceptos (plano de inmanencia, plano de consistencia, Cuerpo-Sin-Órganos) que atraviesan la ontología política deleuziana, analizaremos este proceso generador de impotencia señalando tres fases principales: cierre, sumisión y vigilancia. A continuación, explicaremos estos tres estadios (estratos) usando unos sencillos gráficos y enarbolaremos el concepto *animal* como expresión del CsO (Cuerpo-Sin-Órganos). Indagaremos, sobre todo, en las lecciones del profesor Deleuze publicadas en la Editorial Cactus bajo el título *Derrames*. Estas clases pertenecen a la época de la publicación de *Mil Mesetas. Capitalismo y esquizofrenia* que nuestro pensador escribió junto con Felix Guattari. El marco de referencia va a ser una abierta crítica al capitalismo y al psicoanálisis. Haremos especial mención a la clase XI, intitulada «Estratos y desestratificación. Sobre el cuerpo sin órganos».[57] Sin embargo, nuestro propósito es tratar de comprender el proceso de sujeción en general, para que pueda aplicarse tanto al capitalismo como a cualquier otro sistema tiránico.

En primer lugar, como anunciábamos, repasaremos algunos conceptos básicos que conformarán la ontología desde la que trabaja Deleuze, una ontología no

---

[*]   Este apartado se basa en un artículo publicado en la revista *Res publica. Revista de Historia de las Ideas Políticas,* editada por la Universidad Complutense de Madrid, volumen 27, n.º 3, 2024, pp. 325-332.

[57]   DELEUZE, Gilles, *Derrames. Entre el capitalismo y la esquizofrenia*, Pablo Ires y Sebastián Puente (trad.), Buenos Aires, Cactus, 2017, pp. 199-220.

tanto del Ser[58] con mayúscula sino inherentemente práctica, política.[59] Estos son: plano de inmanencia, plano de consistencia y CsO (Cuerpo-sin-Órganos), tríada que se verá atravesada por *lo virtual* y *lo actual*. Una vez dispongamos de estos ejes, analizaremos propiamente el proceso de sujeción, de estratificación, compuesto por las tres fases referidas con anterioridad. Este proceso, básicamente, convierte a cualquier ente en un sujeto (sujetado), esto es, en súbdito de cierto sistema. El criterio sobre el que juzgaremos la sumisión o no del ente, en última instancia, seguirá siendo la potencia. La sujeción comportará una depotenciación. Mas, ¿cómo llega Deleuze a este criterio? Veamos.

La filosofía de Deleuze, junto con la de Derrida y Foucault, son catalogadas como filosofías de la diferencia. ¿Qué significa en el caso deleuziano? El hecho de que partimos del ser. El ser, nos dice, es unívoco. No obstante, recordemos que el ser no ha de ser entendido en un sentido genérico o abstracto, que flirtea con lo metafísico, sino como flujos potenciales, como relaciones de fuerzas. Esta univocidad (frente, entre otras, a la aristotélica equivocidad en la que el ser se dice en muchos sentidos) hunde sus raíces en la filosofía de Duns Scoto. «El ser se dice en un único y mismo sentido de todo lo que es. De cierta forma esto quiere decir que la garrapata es Dios».[60] Ahora bien, si todo *es*, en un mismo sentido de ser, ¿cómo diferenciamos los entes, la garrapata de Dios? ¿En qué son distintos unos de otros? Aquí Deleuze hace escala en Spinoza y nos dice, sí, a pesar de la univocidad del ser, podemos diferenciar a los entes gracias a la potencia. «La única diferencia concebible desde el punto de vista del Ser unívoco será, evidentemente, la diferencia como grados de potencia […] Porque los seres se distinguen únicamente por el grado de su potencia».[61] Por ende, el criterio de juicio no procederá de un sujeto determinado, privilegiado *a priori* (véase, por ejemplo, Dios) como juez supremo o desde alguna categoría especial (véase *substancia o esencia*) que etiquete *a priori* a los seres y los determine a *ser así* sino a partir de la potencia.

Siguiendo con el objetivo de imbricar ontología y política o, más bien, *desontologizar* la filosofía para hacer de ella una herramienta estrictamente práctica y

---

[58] «Deleuze parece ser más ontólogo, si cabe, a medida que la expresión "ontología" desaparece de sus escritos» (NÚÑEZ, Amanda, *Gilles Deleuze. Una estética del espacio para una ontología menor*, Madrid, Arena, 2019, p. 44).

[59] Esa es la tesis de Paul Patton, ahondando en la lectura deleuziana de la voluntad de poder de Nietzsche, en: PATTON, Paul, *Deleuze y lo político*, Margarita Costa (trad.), Buenos Aires, Prometeo, 2021. Por su parte, Marcelo S. Antonelli incide en la importancia del contexto histórico (Mayo del 68) y la relación con la obra de Foucault, que supusieron un reforzamiento del carácter político de la filosofía deleuzo-guattariana. Véase: ANTONELLI, Marcelo, «La cuestión del poder en la filosofía de Gilles Deleuze», *Eidos* 36 (2021), pp. 17-43.

[60] DELEUZE, Gilles, *Derrames. Entre el capitalismo y la esquizofrenia, op. cit.*, p. 285.

[61] *Ibidem*, p. 286.

funcional, aplicable a problemáticas concretas,[62] definamos una serie de conceptos sobre los que acontecerá el proceso de sujeción: plano de inmanencia, plano de consistencia y CsO (Cuerpo-sin-Órganos). Pero antes de comenzar con ello, precisemos un poco más el marco de la ontología política deleuziana, recordemos, una ontología de la relación, más que del Ser. El hecho de que este sea unívoco conduce a la negación de cualquier trascendencia, a algún ámbito de la realidad que se encuentre separado, que sea de otra naturaleza, como el Dios del Más Allá que juzga nuestras acciones o alguna categoría (disfrazada de necesaria) que se predica de *todos* los entes. Habíamos hecho alusión a la diferencia, crucial en Deleuze: la realidad es diferencial: los entes, que no son sino ciertas configuraciones de fuerzas (fuerzas que a su vez son devenires energéticos-materiales), al relacionarse unos con otros, cambian sus grados de potencia, ganan o pierden potencia, generando diferencias inexorablemente. Mas aún restan tres apuntes que implementar a la univocidad y a la diferencia. El primero de ellos es el materialismo. La realidad es material en el sentido de que todo se compone de fuerzas y estas fuerzas son potenciales, despliegues de energía o materia. En este punto aparece el anclaje deleuziano en la filosofía de Nietzsche: «todo lo que sucede, todo, todo movimiento, todo devenir, debe ser considerado como la fijación de grados y de fuerzas, como una lucha».[63] El segundo añadido es el devenir, estrechamente relacionado con la diferencia. La realidad deviene porque las fuerzas se relacionan unas con otras y así van conformando los entes, por ello la realidad se transforma constantemente, esto es: el ser (unívoco) deviene (diferencial). Y por último, en tercer lugar, distinguimos dos dimensiones en lo real, lo virtual y lo actual, de las que hemos tratado en el anterior apartado. Sabemos que lo virtual habla de la potencia que no se ejecuta, que permanece latente, siendo tan real como lo actual. Recordemos que lo virtual no debe confundirse con lo posible.

Recapitulando hasta aquí, la ontología deleuziana presenta la realidad como unívoca, diferencial, material y virtual-actual. Cualquier ser que habite el mundo se encuentra en relación con otros, puede organizarse de ciertos modos. Sin duda, colegimos: una ontología que rezuma política. Abordemos ya los tres conceptos que restaban para armar el mapa conceptual: plano de inmanencia, plano de consistencia y CsO (Cuerpo-sin-Órganos). Comencemos por los planos. En primer lugar, el «plano de inmanencia [...] no es exactamente filosófico sino pre-filosófico».[64] Ello significa que posibilita la aparición de las diferentes filosofías; pero al igual que pre-filosófico, es pre-lógico, pre-político,

---

[62] «An idea is always engaged in what he [Deleuze] called a matter, always a specific one» (STENGERS, Isabelle, «Deleuze and Guattari's Last Enigmatic Message», *Angelaki*, 10 (2), 2005, p. 151.

[63] NIETZSCHE, Friedrich, *La voluntad de poder*, Aníbal Froufe (trad.), Madrid, Edaf, 2020, p. 376.

[64] DELEUZE, Gilles y GUATTARI, Felix, *¿Qué es la filosofía?*, op. cit., p. 94.

luego también es el germen de todas las organizaciones políticas que se puedan llevar a cabo. En definitiva, en tanto abismo indeterminado por habitar, por territorializar, el plano de inmanencia está por ejecutarse, por hacerse efectivo. Véase:

plano de consistencia

---

plano de inmanencia

Obviamente, se trata de una enorme abstracción, ya que toda la realidad está entrelazada, tramada, por estos dos planos. Procedemos así, de forma muy esquemática, para facilitar la comprensión de estos conceptos que pueden resultar un tanto abstractos, lo cual sería contraproducente, pues atentaría contra las intenciones deleuzianas de una filosofía práctica aplicable a problemas concretos. Así que el plano de inmanencia da cuenta de lo virtual, es la dimensión que permanece latente, no realizada. Y, por su parte, el plano de consistencia es lo efectuado, lo actual, lo ejecutado.

> Lo que define el pensamiento, las tres grandes formas del pensamiento, el arte, la ciencia y la filosofía, es afrontar siempre el caos, establecer un plano, trazar un plano sobre el caos. Pero la filosofía pretende salvar lo infinito dándole consistencia: traza un plano de inmanencia, que lleva a lo infinito acontecimientos o conceptos consistentes, por efecto de la acción de personajes conceptuales.[65]

Similares al caos (plano de inmanencia) y al cosmos (plano de consistencia), todo lo real se compone de estos dos planos que dan cuenta de lo virtual y lo actual. Sigamos añadiendo elementos:

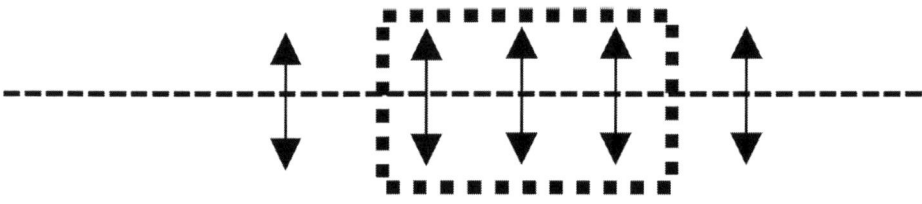

Gráfico 1

---

[65] *Ibidem*, p. 199.

Ese rectángulo situado entre los dos planos, el de inmanencia virtual (abajo) y el de consistencia actual (arriba), simboliza un modo de ser, un ente, cierta conformación de fuerzas. Las fuerzas, potenciales que despliegan energía, conectan las dos dimensiones, lo virtual y lo actual. Las representamos mediante esas flechas. El contorno del ente es una línea discontinua, no un perímetro cerrado. Esto es clave: significa que el ente cambia, que es un devenir, que se relaciona con el mundo, con el afuera. ¿Por qué? Gracias al potencial virtual, que posibilita otras actualizaciones, diferentes ejecuciones que transformarán el ente ineluctablemente, que lo relacionarán con otros seres, que lo organizarán de otros modos. Así que el ente no puede permanecer fijo, estático. Por ende, la permanencia, la identidad, el aislamiento... no son más que quimeras, ideales. Si lo virtual es la pura diferencia, lo actual ejecuta la diferencia, es decir, diferencia la diferencia. Los entes se diferencian, no pueden permanecer fijos ni aislados. Las consecuencias políticas de esta *ontología* son muy relevantes, porque, como se verá a continuación, el proceso de sujeción al que se verá sometido el ente tratará de ocultar su capacidad para transformarse y desviarse del camino prescrito.

Hemos hablado de plano de inmanencia y plano de consistencia, de cómo se construyen y cambian los entes gracias a las interacciones entre las fuerzas. Acerquémonos ahora al CsO o Cuerpo-sin-Órganos. Este concepto proviene de Artaud, quien renegaba de Dios porque le absorbía la potencia, le robaba los órganos. Peleando a la contra, como estrategia política, quería transformarse en un CsO para evitar de ese modo que Dios le convirtiese en un ser impotente. «De allí los gritos de Artaud: "¡Se ha robado mi cuerpo"».[66] Comprobamos enseguida por qué le interesa tanto a Deleuze este concepto. El CsO, al situarse en el plano de inmanencia, es, *prima facie*, inexpugnable. Pero tiene un grave problema, que es un problema recurrente en la filosofía deleuziana y que nos convoca a la acción: ¿cómo hacerse un CsO?[67] El principal problema del CsO es que ha de emerger en el plano de consistencia, salir a la superficie, «como el huevo lleno anterior a la extensión del organismo y a la organización de los órganos, anterior a la formación de los estratos».[68] Posee potencia pero sólo en su dimensión virtual. De todas formas, conviene incidir en que es un cuerpo, real, material, no es un ente ideal... pero que no ejecuta (actualiza) el potencial. Es una existencia virtual, diciéndolo con Souriau.[69] Situaremos entonces al CsO en el plano de inmanencia:

[66] DELEUZE, Gilles, *Derrames. Entre el capitalismo y la esquizofrenia*, op. cit., p. 209.
[67] DELEUZE, Gilles y GUATTARI, Felix, *Mil mesetas*, op. cit., pp. 155-170.
[68] *Ibidem*, pp. 158-159.
[69] SOURIAU, Étienne, *Los diferentes modos de existencia*, op. cit.

Gráfico 2

Este rectángulo simboliza un CsO, como decimos, una existencia virtual, que, aunque conecta con el plano de consistencia, «es algo que siempre está por hacerse».[70] Si el criterio era la potencia, es decir, ganar potencia, generar encuentros (comunidades) que sumen potencia, el CsO no resulta suficiente porque debemos hacer que irrumpa en el plano de consistencia (hacia el nivel superior) para que pueda organizarse de algún modo y relacionarse con otros. No basta con el huevo entonces, debe eclosionar su modo de ser y vérselas con el mundo.

Pero ahora dejaremos aquí aparcado al CsO en el plano de inmanencia, potente pero sólo en un ámbito virtual, luego no efectivo. No obstante regresaremos a él más adelante proponiendo alguna forma de realización que devendrá antagonista del elemento del que nos vamos a ocupar a continuación: el sujeto. Deleuze nos habla de tres modos de sujeción, de tres estratos por los que transita el ente que es sujetado, aunque no se trata de una necesaria sucesión lineal ni tienen por qué darse los tres juntos.

Situemos al sujeto en el plano de consistencia, dado que existe efectivamente (recordemos que el CsO, en cambio, no existía en ese sentido actual, patente, pues era sólo virtual *latente*). Cada estrato irá restando más y más potencia al ente. El objetivo de la sujeción es la depotenciación, que no la impotencia absoluta, porque dado el caso, el sujeto ya no serviría al Poder. Se trata de convertirlo en súbdito, de succionar su potencia que pasará a pertenecer al Poder. Lo que ocurre, desde la presente ontología política, es que, al ser sujetado, el ente es separado del potencial virtual (a pesar de que siga formando parte de él como fuente de indeterminación), de modo que ese potencial virtual se enmascara. Al ente se le cortan las alas, se merma su capacidad de acción política: así resultará más fácilmente manejable y moldeable. Deleuze: «lo real dominante es lo que encubre lo real enmascarado».[71] *Lo real dominante* habla del Poder que trata de ocultar lo virtual, esto es, *lo real*

---

[70] DELEUZE, Gilles, *Derrames. Entre el capitalismo y la esquizofrenia, op. cit.*, p. 221.
[71] *Ibidem*, p. 217.

enmascarado. Domina velando (enmascarando) el potencial virtual, criogenizando y necrosando a los entes, sujetándolos para configurarlos a *su* manera, para que no puedan (es decir: para que no piensen) desobedecer.

Comencemos con los anunciados tres estratos. En sus clases, la lectura se inscribe en el campo del psicoanálisis[72] pero ampliaremos el espectro al máximo para que puedan ser aplicadas a otros ámbitos, siempre políticos. Demos paso ya a la primera de las fases: el cierre. «El primer estrato es de la organización. Es simple, consiste en hacer al cuerpo sin órganos un organismo»[73]. Veamos:

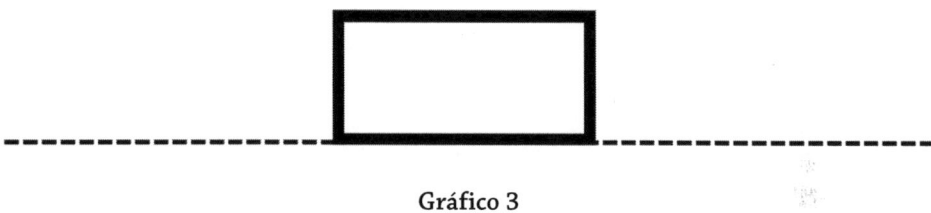

Gráfico 3

Si recordamos el CsO, que se hallaba en el plano de inmanencia (abajo), este ente sujetado se encuentra arriba, en el plano de consistencia. Es decir, ocupa un lugar, está territorializa(n)do, es actual. ¿Qué otra diferencia observamos? Una harto significativa: su perímetro está cerrado, ya no es una línea discontinua sino una frontera determinante, limitante. Si el CsO se encontraba por organizar, este ente sujetado está completamente organizado, sellado. Ya no es un CsO sino un organismo. En este estrato pasamos de lo molecular a lo molar gracias a una doble articulación:

> La primera articulación seleccionaría o extraería, de los flujos-partículas inestables, unidades moleculares [...] La segunda articulación sería la encargada de crear estructuras estables, compactas y funcionales (formas), y constituiría los compuestos molares.[74]

---

[72] Aquí la obra que debemos enarbolar es *El AntiEdipo*. Si bien se aprecia el descubrimiento de la producción de deseo por parte del psicoanálisis, después se organiza un sistema exhaustivamente reglado, donde todo síntoma proviene de una causa unívoca, donde todo gira en torno a Edipo (*grillete edípico*): «el gran descubrimiento del psicoanálisis fue el de la producción deseante, de las producciones del inconsciente. Sin embargo, con Edipo, este descubrimiento fue encubierto rápidamente por un nuevo idealismo: el inconsciente como fábrica fue sustituido por un teatro antiguo; las unidades de producción del inconsciente fueron sustituidas por la representación» (DELEUZE, Gilles y GUATTARI, Felix, *El AntiEdipo. Capitalismo y esquizofrenia*, Francisco Monge (trad.), Barcelona, Paidós, 2004, p. 31).

[73] DELEUZE, Gilles, *Derrames. Entre el capitalismo y la esquizofrenia, op. cit.*, p. 202.

[74] DELEUZE, Gilles y GUATTARI, Felix, *Mil mesetas, op. cit.*, p. 48.

Véase en este proceso de configuración de lo informe caótico (cosmogénesis) la conexión entre lo virtual-molecular y lo actual-molar.

> Será la primera etapa del pasaje de lo molecular que pertenece al cuerpo sin órganos —y el cuerpo sin órganos no es otra cosa que una molécula gigante [...] Los fenómenos moleculares van a ser organizados en grandes conjuntos molares orgánicos tipo esqueleto.[75]

Lo molar es ya lo individualizable, lo atómico, frente a lo molecular que refiere más bien a cuerpos indeterminados. El esqueleto, al que remite la cita, es una estructura atómica, molar. El Poder puede maniobrar más fácilmente con él, separar los huesos para disponer de ellos con mayor facilidad. Es decir, al Poder le es mucho más sencillo apresar individuos, ya conformados, separados unos de otros, que operar con *moléculas*, cuerpos informes en conformación, no atómicos, no individuales. Mediante este primer cierre, el ente-organismo es convertido en una identidad. Se bloquea el paso a lo virtual, fuente del devenir diferencial. A partir de este punto, el Poder ya puede estratificar en otro sentido, lo que nos conduce a la segunda fase.

El segundo estrato genera sumisión. El organismo no se convierte en súbdito por arte de magia sino que algún Poder es responsable de tal acción. Aquí podemos distinguir dos subfases. En primer lugar, aparece la flecha, la flecha que *señala* al sujeto (ya encerrado en sí mismo, que había sido sujetado en la primera fase).

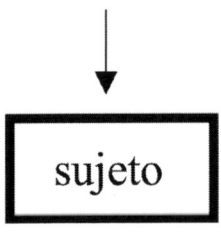

Gráfico 4

Pero esa flecha ha de provenir de algún lugar, ¿quién está señalando? Es el Poder que se postula como amo. Repárese (abajo, gráfico 5) que la línea que relaciona Poder y sujeto también se cierra por las dos flechas que tasan el camino, símbolo de la relación biunívoca entre sujeto y Poder. En suma: en primer término, el sujeto era señalado (arriba, gráfico 4), distinguido como tal, separado del resto; en segundo término, aparece el Poder, el Amo... del sujeto:

---

[75] DELEUZE, Gilles, *Derrames. Entre el capitalismo y la esquizofrenia*, *op. cit.*, p. 203.

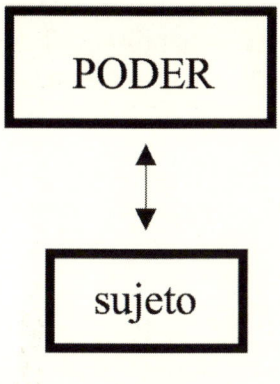

Gráfico 5

Nunca está de más regresar al ilustre fragmento de Rousseau en su *Discurso sobre el origen de la desigualdad entre los hombres*:

> El primero, a quien, tras haber cercado un terreno, se lo ocurrió decir esto es mío y encontró gentes lo bastante simples como para para creerle, fue el verdadero fundador de la sociedad civil. ¡Cuántos crímenes, guerras, asesinatos, cuántas miserias y horrores hubiera ahorrado al género humano aquel que, arrancando las estacas o rellenando la zanja, hubiera gritado a sus semejantes: «¡Guardaos de escuchar a este impostor; estáis perdidos si olvidáis que los frutos son de todos y que la tierra no es de nadie!».[76]

Aquí se hallan las dos subfases de este segundo estrato. La cerca, la estaca, la zanja, son las marcas, las señales del terreno. Este, a su vez, hace las veces de sujeto, ya clausurado en el primer estrato. El primer hombre que dice *esto es mío* es, obviamente, el Poder. Aparece la jerarquía: a) el sujeto ya no está sólo encerrado en sí mismo sino que ahora también b) se encuentra sometido a cierto sistema de Poder. Siguiendo con el ejemplo de Rousseau: a) el terreno es una porción de territorio que ha sido vallada y separada del afuera y además b) pertenece a un propietario, luego se convierte en propiedad privada. Tras este doble cierre, del territorio al terreno y del terreno a propiedad privada, ¿dónde queda el potencial virtual? No hay huella del plano de inmanencia, sigue enmascarado, y por partida doble. No obstante, el sujeto *podría* desencadenarse: en ese caso su perímetro se abriría («arrancando las estacas o rellenando la zanja»), es decir, conectaría con su virtualidad para tratar de liberarse. En este

---

[76] ROUSSEAU, Jean Jacques, *Discurso sobre el origen de la desigualdad entre los hombres*, Jordi Beltrán (trad.), Barcelona, Alhambra, 1985, p. 119.

segundo estrato, el sujeto súbdito recibe el sentido del Poder Significante.[77] Todo lo que sea este, será gracias a aquel. Ya no se expresa, pues no puede salir al exterior, dado su cautiverio. Su significado, su rol político, están prescritos. He aquí lo que Deleuze y Guattari denominan *máquina de interpretación*, que imposibilita la experimentación. El prefijo *in* (de *inter*[78]pretación) y el *ex* (en *ex*perimentación) muestran un evidente antagonismo, direcciones contrarias: adentro *vs* afuera. «Las figuras de expresión son aprisionadas».[79] Los estratos cumplen una función opresiva, centralizadora. He aquí un tema transversal en la filosofía de Deleuze. El hecho de que un ente sólo pueda interpretar quiere decir que se encuentra maniatado en cierto sistema. Al interpretar, podemos decir una cosa u otra, pero siempre dentro de unos márgenes. Al interpretar, no experimentamos. Deleuze ve la interpretación como límite limitante-negativo, no como un límite productivo, afirmativo. En la filosofía deleuziana hallamos diversas críticas a algunos de estos marcos autoritarios que limitan, silencian, ciertos conceptos que se comprenden a partir de otros dotados (*a priori*) de un mayor rango. Por ejemplo, en *Diferencia y repetición*,[80] la diferencia era sometida por la Identidad, comprendida como lo *no igual*, pero siempre a partir de la Identidad, no desde sí misma. A la diferencia no se le permitía expresarse sino que permanecía a merced del Significante-Identidad. En *Lógica del sentido*,[81] de modo similar, el Significante produce los sentidos, que son distribuidos dentro de un mapa de coordenadas ortodoxo que opera como criterio de verdad (con base en una determinada lógica). Si algo es verdadero o si tiene sentido es porque concuerda con el modelo, es decir, se conforma; caso contrario, será incorrecto y habrá que reacomodarlo o directamente eliminarlo. Aquí conectarían los estudios foucaultianos sobre la producción de los regímenes de verdad.[82] En el caso de

---

[77] «El imperialismo del significante no nos hace salir de la cuestión "¿qué quiere decir esto?", se contenta con rayar de antemano la cuestión y con hacer insuficientes todas las respuestas al remitirlas al rango de un simple significado» (DELEUZE, Gilles y GUATTARI, Felix, *El AntiEdipo, op. cit.*, p. 215). «El significante déspota tiene como efecto sobrecodificar la cadena territorial» (*Ibidem*, p. 216). El «significante despótico aplasta todas las cadenas, las lineliza, les da una bi-univocidad, y se sirve de los ladrillos como de otros tantos elementos inmóviles para una muralla de la China imperial» (*Ibidem*, p. 45).

[78] Por mucho que se quiera ver el *inter* (de *inter*pretación) como un *entre*, en sentido democrático, que habla de relaciones en planos horizontales, por ejemplo, entre la obra y el lector, la partícula *in* que lo integra opera como fuerza centrípeta, centralizadora, homogeneizadora, menoscabando el sentido democrático de aquella.

[79] DELEUZE, Gilles, *Derrames. Entre el capitalismo y la esquizofrenia, op. cit.*, p. 204.

[80] DELEUZE, Gilles, *Diferencia y repetición, op. cit.*

[81] DELEUZE, Gilles, *Lógica del sentido*, Miguel Morey (trad.), Barcelona, Paidós, 2010.

[82] FOUCAULT, Michel, *Del gobierno de los vivos*, Horacio Pons (trad.), Buenos Aires, Fondo de Cultura Económica, 2014; FOUCAULT, Michel, *La vida de los hombres infames*, Julia Varela y Fernando

El AntiEdipo[83], el deseo era reo del grillete del sistema edípico psicoanalítico, en el que prima la ausencia y la negatividad, en suma, la represión. Por todo ello, ante esta prolongada y variada historia de sujeciones, Deleuze explota: «maten la máquina de interpretación, si no estarán jodidos, tomados en un régimen despótico del signo –el signo que remite eternamente al signo [...] Hay que llegar a no interpretar [ja]más».[84]

Arribamos al tercer y último estrato de sujeción: la vigilancia. Deleuze habla aquí de «subjetivación, o más precisamente el estrato al que corresponde el punto de subjetivación. El punto de subjetivación debe tener mucha importancia, pero curiosamente no veo aún en qué».[85] Tratemos de vislumbrar alguna opción, de aportar alguna imagen con que ilustrar este nuevo estrato. Esta figura, este «punto» del que habla Deleuze podría ser el centro. Ahora el Poder se sitúa en el centro del sistema cual fundamento (*principium*) y máxima autoridad (*príncceps*), «es el que va a constituirlo [al ente] como sujeto fijo en tal o cual lugar».[86] Situarse *dentro* del círculo significa estar determinado por el centro en tanto Significante-Amo, poderosa fuerza centrípeta. Como suele decirse, todos los caminos llevan a Roma, auténtico centro imperial. Podemos ilustrar esta fase así:

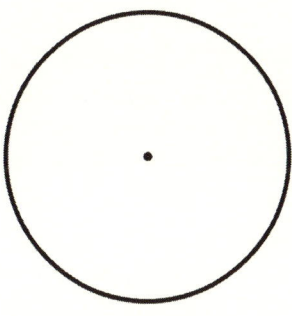

Gráfico 6

Álvarez-Uría (trad.), La Plata, Altamira, 2006; FOUCAULT, Michel, *Vigilar y castigar*, Aurelio Garzón del Camino (trad.), Madrid, Biblioteca Nueva, 2012.

[83]   DELEUZE, Gilles y GUATTARI, Felix, *El AntiEdipo*, op. cit., 2004.

[84]   DELEUZE, Gilles, *Derrames. Entre el capitalismo y la esquizofrenia*, op. cit., p. 213.

[85]   *Ibidem*, p. 206.

[86]   Ibidem, p. 207.

También Deleuze, poco después, alude a la forma circular: «como un círculo alrededor del significante en el cual son reducidas a una esclavitud».[87] Todos los entes sujetados habitan en el círculo, son emplazados ahí, espacio que *parece* ofrecer cierto margen de libertad. Los entes pueden moverse *libremente* por el círculo... pero, una vez más, ojo avizor ante esta libertad, pues proviene del dictado del punto central. Tienen la obligación de permanecer allí adentro, juntos, como nos decía Agamben en referencia a la *esencia* del Estado: «el Estado no se funda en un vínculo social, sino en la prohibición de su disolución».[88] Esta *libertad* de movimiento sólo existe *intramuros* porque allí los sujetos pueden ser localizados por el Amo. Esto nos recuerda, inevitablemente, al panóptico que Foucault toma de Bentham, cuya situación privilegiada, esto es, central, le permite verlo todo,[89] o, por lo menos, poder verlo todo. Además, aquellos que son vistos integran en sí mismos esta mirada inquisitiva del vigilante por lo que el Sistema incluso puede prescindir del vigilante *real*, aquel que observa desde la torre de control. «De ahí el efecto mayor del Panóptico: inducir en el detenido un estado consciente y permanente de visibilidad que garantiza el funcionamiento automático del poder».[90] Recapitulando los efectos que produce este estrato, por un lado, los súbditos no pueden salir fuera del círculo; por otro, tampoco pueden estar ilocalizables. No es posible el nomadismo, harto peligroso para un eficiente control exhaustivo de los siervos. El nómada va y viene, no permanece en un punto, carece de lugar fijo, forma comunidades dispersas, atraviesa las fronteras... así que «al tercer estrato corresponden las exclusiones del nómada»[91].

Mediante las tres fases del proceso de estratificación se cierra el círculo: el sujeto es encerrado, sometido y vigilado. En suma, delega su potencia en el Poder, al que Deleuze llama *máquina despótica*.

> A este nivel de análisis puedo considerar todo, formalmente, estructuralmente, como equivalente. Sea la máquina despótica nazi, sea la máquina conyugal, sea la máquina psicoanalítica, por el momento poco importan las diferencias.[92]

He aquí la máquina despótica:

---

[87] *Ibidem*, p. 206.
[88] AGAMBEN, Giorgio, *El uso de los cuerpos. Homo Sacer IV, 2, op. cit.*, p. 263.
[89] «Estúpida pupila, siempre tiene que captarlo todo» (PLATH, Sylvia, *Soy vertical, pero preferiría ser horizontal*, Juan Abeleira Álvarez (trad.), Barcelona, Penguin, 2024, p. 12).
[90] FOUCAULT, Michel, *Vigilar y castigar, op. cit.*, p. 233.
[91] DELEUZE, Gilles, *Derrames. Entre el capitalismo y la esquizofrenia, op. cit*, p. 209.
[92] *Ibidem*, p. 210.

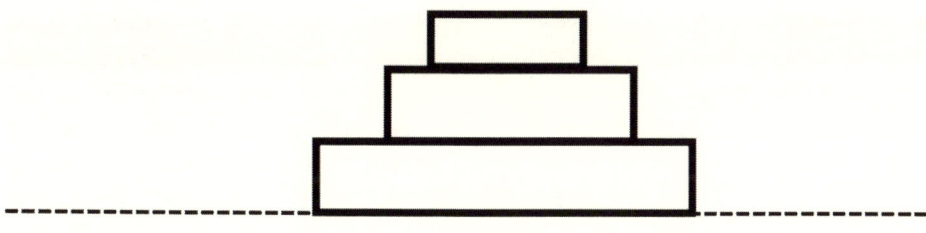

Gráfico 7

Recordemos que la línea de puntos simboliza la conexión entre el plano de inmanencia (virtual, abajo) y el plano de consistencia (actual, arriba). Los rectángulos son los tres estratos que, curiosamente, dibujan una suerte de tarta de auto-celebración del Poder. «A través de los estratos, ese plano de consistencia es aplastado, impedido de funcionar. (Una vez más, si ustedes tiene palabras mejores... yo sólo tengo éstas)».[93] Aplastar es cementar la superficie, la línea discontinua que distingue a la vez que conecta los dos planos, para que lo virtual no haga acto de presencia y pueda subvertir el orden establecido. El plano de consistencia es *impedido* al ser separado del plano de inmanencia. La clave, subterfugio de lo más eficiente, es que estos estratos *separan* al ente de algo que realmente le constituye, lo virtual, es decir, el ente sigue pudiendo, pero no ejecuta estos potenciales que podrían resultar subversivos. El Poder vierte capas y más capas de asfalto sobre el potencial virtual, sobre el plano de inmanencia, para tratar de que el ente prosiga obediente. El camino contrario es el de su liberación: el ente se quita de encima esos asfixiantes estratos-grilletes y allí aparece, de nuevo, al otro lado del espejo, el CsO. Veámoslo:

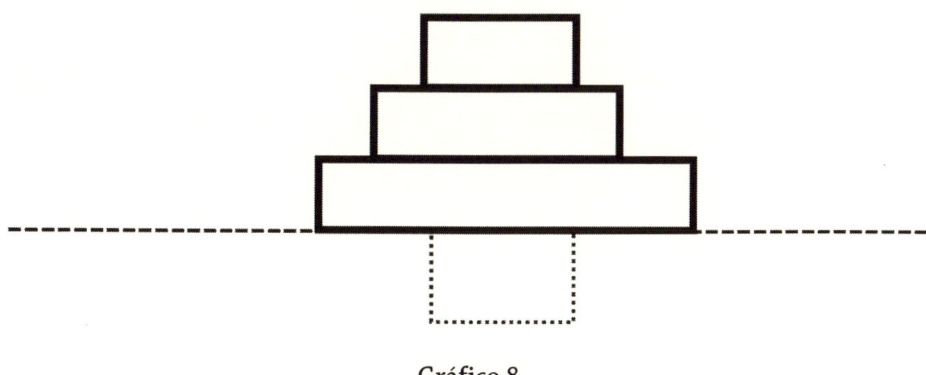

Gráfico 8

[93] DELEUZE, Gilles, *Derrames. Entre el capitalismo y la esquizofrenia, op. cit.*, p. 201.

Demos paso, de acuerdo con la recomendación de Deleuze, al proceso de des-estratificación: el CsO irrumpe desde las profundidades construyendo políticas no autoritarias. No está dispuesto a mandar ni a obedecer. No va a seguir nin-gún guion preestablecido, no encajará en ningún rol, no casará con etiquetas, no interpretará jamás sino experimentará, expresará su potencial vital. Para evitar derivas abstractas que Deleuze rechazaba con vehemencia, la presente lectura del proceso de sujeción no debe quedarse en un discurso meramente teórico. ¿Cómo aplicar esta lectura a procesos concretos actuales? Propongamos un ejemplo. Par-tamos de la pregunta que da título a una entrevista al escritor Agustín Fernández Mallo[94] y que reza así: «¿A qué se debe la *mascotización* del mundo?» En su crítica al capitalismo, el entrevistado señala diversos lastres como *estadística*, *algoritmo*… y denuncia que todo potencial vital es reducido, etiquetado y empaquetado. Las mascotas a las que alude la *mascotización*[95] nos conducen al mundo animal y nos *invitan* a hacer ingresar la comprensión deleuziana del concepto *animal*.[96] Según Deleuze, el animal rehúsa ser normalizado. Contra el mundo actual, un mundo *masscotizado* [mass(media)cotizado], dócil, domesticado, hipercontrolado, mer-cantilizado, Deleuze afirma al animal. He aquí la conexión con el CsO: el animal es una forma de realización del CsO. Toda una estrategia política subversiva. Las comunidades de animales (manadas) están siempre en configuración. No son un rebaño, rechazan todo redil. Se ha experimentar el contacto con el animal. No hay libros de instrucciones al respecto sino más bien construcciones comuni-tarias. Abrir las puertas a *lo otro* sin imponer nuestro modo. Sólo así podremos comprender la alteridad sin subsumirla y relacionarnos de forma verdaderamente horizontal. En la entrevista de la que surge este curioso *abecedario*, Deleuze dice no soportar que el humano trate al animal como si fuera humano, que no acepte su diferencia abismal. En definitiva, un mundo *masscotizado* es fruto de un sistema jerárquico, donde el ser humano se erige sobre un plano superior como hacía Poder: señalándole y clasificándole (primer estrato); sometiéndole, postulándose como autoridad (segundo estrato); vigilando en todo momento sus comportamientos (tercer estrato). Así que «el problema no es ser esto o aquello como ser humano, sino devenir inhumano, el problema es el de un universal devenir animal: no confundirse con una bestia, sino deshacer la organización humana del cuerpo».[97] En la misma línea, que nos llevaría a una crítica al consumismo depredador, al especismo, a las macro-granjas, al uso instrumental y egocéntrico del mundo por

---

[94]   Publicada en el periódico *El correo gallego* en fecha 11 de febrero de 2023.
[95]   Quizá sería más eficiente aún añadir una 's' al término y trocarlo por *masscotización*, para incidir en el papel uniformador (a la vez que desinformador) de los medios de comunicación de masas.
[96]   Véase aquí: <https://www.youtube.com/watch?v=SlNYVnCUvVg>.
[97]   DELEUZE, Gilles, *Conversaciones*, José Luis Pardo (trad.), Valencia, Pre-textos, 1995, p. 22.

parte de un ser humano que sigue comportándose como Dios (o como súbdito suyo, preso, en todo caso, de ese sistema de Poder), (mal)tratando al resto de los seres a su imagen y semejanza, nos interpela Vinciane Despret.[98] Se trata entonces de formar comunidades, de generar políticas a contracorriente, vínculos afectivos que nos proporcionen potencia.[99]

Concluyendo, Deleuze resume el proceso de estratificación, es decir, de sujeción, del siguiente modo:

> La primera gran consigna social es: '¡Estarás organizado, si no serás un depravado!'. La segunda es: 'Significarás y serás significado, interpretarás y serás interpretado, de lo contrario serás un peligroso desviado'. Y la tercera es: 'Serás subjetivado, es decir, fijado, tu lugar será asignado y sólo te moverás si el punto de subjetivación te dice que te muevas, de lo contrario serás un peligroso nómada.[100]

En primer lugar, se organiza al ente de un modo taxativo, ortodoxo. El Poder no soporta la desorganización, el caos es peligroso pues puede generar nuevas formas de habitar el mundo. El sujeto aquí es un sujeto-organismo. La primera amenaza es: organización o depravación. Quien no esté organizado será un monstruo, alguien informe, un *animal*... En segundo lugar, el Poder otorga los significados, reparte los roles para sus subordinados. Éstos sólo podrán interpretar, siempre bajo la ortodoxia ineluctable de la Palabra del Dios Significante. No podrán desobedecer las funciones que les son asignadas, no podrán salir de sus significados encorsetados, no podrán crear, improvisar, experimentar... sólo interpretar. He aquí el sujeto-súbdito. *Súbdito* significa, etimológicamente, bajo lo que se dice, lo cual habla muy bien de este estrato. La segunda amenaza, entonces: interpretación o desviación. En tercer término, el sujeto-organismo-súbdito termina siendo emplazado en el círculo, ocupando el lugar que le otorgue el Centro (*punto de subjetivación*). Será vigilado, controlado en todo momento por el panóptico, Ojo de la Providencia. La última amenaza reza así: fijación o nomadismo.

El animal en tanto realización del CsO, elige las alternativas afirmativas: *depravación* antes que sumisión a cierta organización autoritaria; *desviación* y *experimentación* frente a la mera interpretación del dictado del Sistema; *noma-*

[98] DESPRET, Vinciane, *Cuando el lobo viva con el cordero*, Sebastián Puente (trad.), Buenos Aires, Cactus, 2023.

[99] En esta línea podemos señalar: SAUVAGNARGUES, Anne, *Deleuze. Del animal al arte*, Madrid, Amorrortu, 2006; GARCÍA, Raúl, *La Anarquía Coronada. La Filosofía De Gilles Deleuze*, Buenos Aires, Colihue, 1999; ARAGÜÉS, Juan Manuel (coord.), *Gilles Deleuze: un pensamiento nómada*, Mira Editores, Zaragoza, 1997; ARAGÜÉS, Juan Manuel, *Deseo de multitud. Diferencia, antagonismo y política materialista*, Valencia, Pre-Textos, 2018.

[100] DELEUZE, Gilles, *Derrames. Entre el capitalismo y la esquizofrenia, op. cit.*, pp. 208-209.

dismo para evitar ser emplazado y normalizado en un espacio determinado y determinante. El animal es un ser depravado, desviado, experimental (*experimentador*) y nómada.

El proceso de sujeción de la ontología deleuziana «no se trata simplemente de una curiosa visión del mundo, se trata eminentemente de política».[101] En su lectura sobre Nietzsche, Deleuze extrajo dos sentidos antagónicos de las fuerzas, fuerzas activas-positivas o fuerzas reactivas-negativas.[102] Las fuerzas activas suman, generan potencia, no trocan Poder, son comunitarias, fomentan la experimentación. He aquí la fuerza *animal* que actualiza el CsO. En cambio, las fuerzas negativas limitan, separan, generan impotencia y la transforman en Poder. Ya sabemos cómo ocurre este proceso. Las máquinas despóticas funcionan a partir de la reactividad. Por ende, el enemigo, en definitiva, es la negatividad que produce tanto impotencia como Poder. De ahí la ojeriza de Deleuze hacia Hegel: «Hegel, ese débil. Cuando Hegel dice contra Spinoza: "¡Ah! Ese nunca ha comprendido nada del trabajo de lo negativo", es perfecto, el trabajo de lo negativo es mierda».[103] Contra lo negativo, la positividad de las fuerzas que quieren, que despliegan su potencia pero que al hacerlo no conforman un Poder, que no limitan ni determinan, que abren el mundo (conectan lo virtual y lo actual), destruyen los muros fronterizos y crean vínculos comunitarios. Ellos serán los habitantes de los campos de dispersión: animales (*máquinas de guerra,* como veremos) cuales «partes, pedazos, piezas, múltiplos brillantes»;[104] y esta es la vía por la que aboga Deleuze, sendas que acompañan y no acotan, luces que guían y no deslumbran, *luciérnagas,* en palabras de Didi-Huberman: «decir sí en la noche surcada de fulgores y no contentarse con describir el no de la luz que nos ciega».[105]

---

[101] DELEUZE, Gilles, *Derrames. Entre el capitalismo y la esquizofrenia, op. cit.,* p. 290.
[102] DELEUZE, Gilles Deleuze, *Nietzsche y la filosofía, op. cit.,* p. 90.
[103] DELEUZE, Gilles, *Derrames. Entre el capitalismo y la esquizofrenia, op. cit.,* p. 289.
[104] PLATH, Sylvia, *Soy vertical, pero preferiría ser horizontal, op. cit.,* p. 17.
[105] DIDI-HUBERMAN, Georges, *Supervivencia de las luciérnagas, op. cit.,* p. 120.

LA CONEXIÓN ENTRE EL JEFE INDIO Y LA GUERRA

Ahí está «la dispersión», ahí queda injustificada y
por-qué-sí, sin aval y sin recurso.
Quien quiera cogerla al vuelo que lo intente.
Pero ¡No pretendáis recogerla!
¡Dejadla, dejadla ahí, dispersa y nómada! [106]

Analizaremos a continuación el modo de organización de los campos de dispersión, en torno a la cuestión de la jefatura. ¿Debe haber algún jefe? ¿Leyes? ¿De qué clase de gobernante hablamos? ¿Es posible establecer cierta autoridad que no devenga autoritaria?

En busca de respuestas, detengámonos en primer lugar en la figura del jefe indio, indispensable en ciertas sociedades primitivas. Como ocurre en el ajedrez, sin rey, se pierde la partida. Aplicado al caso, se disuelve la sociedad primitiva. Ahora bien, también, como en el ajedrez, la importancia del rey (o jefe) radica en su presencia continua, pues sabemos que esta pieza, con sus movimientos limitados, no es, ni mucho menos, la que más puede sobre el tablero. Mas este insólito jefe, que tomamos de los estudios de Pierre Clastres sobre las tribus sudamericanas, no es un jefe al uso, ni mucho menos un rey. «Lo que se trata de comprender es la extraña persistencia de un "poder" casi impotente, de un liderazgo sin autoridad, de una función que funciona en el vacío».[107] No todo vale, evidentemente. Hay normas, al modo de esas cargas de las que hablaba Esposito,[108] sobre el sentido del *munus* inherente a las *co*-munidades. El jefe funciona como *fundamento* político de estas sociedades primitivas. Escribimos *fundamento* en cursiva y juzgamos muy importante aclarar este sentido. El jefe es una suerte de *autoridad* cuya misión es impedir que la comunidad se convierta en autoritaria, evitando las jerarquías, haciendo perpetuar las relaciones igualitarias. Toda una paradoja: un jefe que impone no imponer, no excluir, no segregar, no dividir … Asimismo, aunque en las sociedades primitivas lo sea, el jefe no tendría por qué ser un ser humano sino cualquier agente que opere en el sentido en que vamos a exponer a continuación. Destacaremos cuatro funciones del jefe:

---

[106] TRÍAS, Eugenio, *La dispersión*, Madrid, Taurus, 1971, p. 13.
[107] CLASTRES, Pierre, *La sociedad contra el Estado*, Ana Pizarro (trad.), La Plata, Terramar, 2008, p. 26.
[108] ESPOSITO, Roberto, *Comunidad, inmunidad y biopolítica, op. cit.*, p. 25.

En primer lugar, dotar de cohesión diferencial al grupo e «impedir la des-igualdad».[109] La sociedad primitiva, antagonista del Estado,[110] no posee división de clases, sino que «es, en su ser, indivisa».[111] El objetivo del jefe es que «la des-igualdad, la explotación y la división [sean] imposibles»,[112] dado que «la división social, la aparición del Estado son la muerte de la sociedad primitiva».[113] Antes de continuar, debemos aclarar que no se trata de *regresar* a un estadio primitivo, a un estado de naturaleza ideal, salvaje... sino de generar políticas en la línea de algunas tribus indias de las que extrae Clastres el concepto *jefe*. «Deben retenerse como rasgo pertinente de la organización política de la mayoría de la sociedades indígenas la carencia de estratificación social y de autoridad del poder».[114] Por todo ello, regresando a la paradoja: «no hay pues un rey en la tribu, sino un jefe que no es un jefe de Estado».[115] Esta cohesión *diferencial* del grupo comporta el veto a cualquier lógica de la identificación: «sobre todo, lo que la sociedad primi-tiva rechaza: identificarse con los demás, perder lo que la constituye como tal, su propio ser y su diferencia, la capacidad de pensarse como un Nosotros autó-nomo».[116] Desde una perspectiva exterior, la comunidad no es copia de ningún modelo previo, no se identifica con ninguna otra comunidad. Pero también, en

---

[109] CLASTRES, Pierre, *Investigaciones en antropología política*, Estela Ocampo (trad.), Barcelona, Gedisa, 1981, p. 127. En el mismo sentido apunta Castoriadis: «El Estado es una instancia de poder separada de la sociedad constituida en aparato jerárquico y burocrático, que enfrenta a la sociedad y la domina (aun cuando no puede permanecer impermeable a su influencia). Semejante Estado es incompatible con una sociedad democrática» (CASTORIADIS, Cornelius, *Figuras de lo pensable. Las encrucijadas del laberinto VI*, Vicente Gómez (trad.), México D.F., Fondo de Cultura Económica, 2002, p. 113).

[110] «Se dice que el Estado es el instrumento que permite a la clase dominante ejercer su dominación violenta sobre las clases dominadas. Aceptémoslo» (CLASTRES, Pierre, *La Sociedad contra el Estado*, *op. cit.* p. 173). Sobre este amplio campo semántico, el Estado puede mostrar muchas facetas, como apunta Foucault en torno a la «implicación evolutiva entre diferentes formas estatales, el Estado administrativo, el Estado benefactor, el Estado burocrático, el Estado fascista, el Estado totalitario...» (FOUCAULT, Michel, *El nacimiento de la biopolítica*, Horacio Pons (trad.), Madrid, Akal, 2009, p. 189). Asimismo, «el Estado no es un universal, no es en sí mismo una fuente autónoma de poder. El Estado no es otra cosa que el efecto, el perfil, el recorte móvil de una perpetua estatización o de perpetuas estatizaciones [...] que modifican, desplazan, trastornan [...] los centros de decisión, las formas y tipos de control [...] No se trata de arrancarle su secreto, se trata [...] de investigar el Estado a partir de las prácticas de gubernamentalidad» (*Ibidem*, pp. 83-83).

[111] CLASTRES, Pierre, *Arqueología de la violencia. La guerra en las sociedades primitivas*, Ion Paimó (trad.), Madrid, Enclave, 2021, p. 73.

[112] *Ibidem*, p. 75.

[113] *Ibidem*, p. 97.

[114] CLASTRES, Pierre, *La Sociedad contra el Estado*, *op. cit.*, p. 26.

[115] *Ibidem*, p. 175.

[116] CLASTRES, Pierre, *Arqueología de la violencia. La guerra en las sociedades primitivas*, *op. cit.*, p. 79.

el *interior,* persiste esta lógica de la diferencia que prohíbe establecer conjuntos definidos por algunos patrones, separando unos de otros, encasillando a los habitantes u obligándoles a que se identifiquen entre ellos. En definitiva, contra el paradigma de la identidad, la cohesión del grupo se genera a través de la diferencia. El jefe no tiene el poder, en el sentido que le hemos otorgado, con P mayúscula, no es ninguna autoridad, es tan habitante y participante como otros. Tan diferente como todos. Conviene resaltar que sus funciones específicas no comportan ningún tipo de jerarquía[117] ni prerrogativa. Él no manda, así nadie debe obedecer. O dicho de otro modo: él obliga a no obedecer e impide que nadie mande. «Si el jefe salvaje no tiene poder, es porque la sociedad no acepta que el poder se separe de su ser, y que se instaure una división entre el que manda y los que obedecen».[118]

En segundo lugar, el jefe debe enarbolar la ley que, imbricada en la función anterior, suponga «una "prohibición de la desigualdad"».[119] Esta extraña ley no escrita, que no queda registrada ni se convierte en una institución aparte, no es más que la palabra del jefe, su voz. Las leyes de las sociedades occidentales, lo que comúnmente entendemos como tales, se asocian con la autoridad del Estado, incluso aunque provengan de una iniciativa popular. Estas leyes[120] han de obedecerse, rigen mientras estén vigentes. La mayoría de los ciudadanos las recibe desde una posición inferior, pues ellos se encuentran separados del Poder, o, por lo menos, su acceso a este no es inmediato. Al contrario,

> la sociedad primitiva es el lugar del rechazo de un poder separado, porque ella misma, y no el jefe, es el lugar real del poder. La sociedad primitiva sabe, por naturaleza, que la violencia es la esencia del poder [...] el deber de la palabra del jefe, ese flujo constante de palabra vacía que él debe a la tribu, es su deuda infinita, la garantía que prohíbe al hombre de palabra convertirse en hombre de poder.[121]

---

[117] «Pero son pocos los que no buscan transformar estas distinciones en jerarquía, y privilegiar una especie. Y es muy extraño cómo les cuesta admitir que el mundo es amplio, complejo y profundo, y que se ordena sobre distintos planos específicos de existencia [...] Nos atreveríamos a decir que muchos de ellos tienen una tendencia a amar un solo viñedo, y en ese viñedo, apreciar sobre todo la cantidad» (SOURIAU, Étienne, *Tener un alma. Ensayo sobre las existencias virtuales, op. cit.,* p. 32). Pierre Clastres es, sin duda, uno de aquellos pocos.

[118] CLASTRES, Pierre, *Arqueología de la violencia. La guerra en las sociedades primitivas, op. cit.,* p. 75.

[119] *Ibidem,* p. 20.

[120] «No puede obtenerse justicia *bajo* ninguna ley» (BEY, Hakim, *T.A.Z., op. cit.,* p. 78). La cursiva es nuestra: esa es la clave, la jerarquía vertical que generan las leyes. La justicia se debe entender, al contrario, como horizontalidad.

[121] CLASTRES, Pierre, *La Sociedad contra el Estado, op. cit.,* p. 134.

Poco importa el jefe, en sí mismo, sino sus funciones, que no proceden de ninguna herencia sino del acuerdo[122] entre los participantes de la comunidad. No hay fórmula tasada de elección del jefe, ni codificación al respecto. No ha de ser sólo uno, no importa el número de jefes. La jefatura es una función impersonal. No existen *a priori* requisitos específicos para ser jefe, sólo se trata de la asunción de la función. Cada comunidad debe decidir cómo se las arregla para conservar la función-jefe, pues, sin esta, podría degenerar en Estado. Para mostrar que no se erige como autoridad, el jefe elimina toda connotación política de su voz. Su palabra deviene insignificante, poco importa lo que diga: «la palabra del jefe no es dicha para ser escuchada. Paradoja: nadie presta atención al discurso del jefe. O más bien, finge desatención».[123] Dicho de otro modo: la ley es su propia voz, símbolo de su compromiso con el grupo para con la prohibición de imponer normas y establecer leyes, es decir, la horizontalidad de toda política que se genere en la comunidad.[124] Asimismo, y a colación de lo anterior, en el jefe no existen intereses particulares, partidistas:[125]

> es el jefe quien está comprometido *a hablar en nombre de la sociedad*: en su discurso, el jefe no expresa nunca la fantasía de su deseo individual ni el sentido de su ley privada sino únicamente el deseo sociológico que tiene la sociedad de permanecer indivisa, y el texto de una Ley que nadie ha establecido.[126]

Digamos que su voz es la Ley,[127] donde esta L mayúscula nada tiene que ver con la P mayúscula del Poder. Simplemente se trata de diferenciarla del resto de las leyes (escritas, lo que comúnmente entendemos como leyes en un Estado). Un único mandamiento entonces: una Ley que impide que existan leyes. Asimismo, reiteramos, poco importa que el jefe sea escuchado o no. Ni lo que cuente: lo importante es que hable. Esa es su obligación. En las tribus sudamericanas, los jefes cuentan mitos y otros relatos, anécdotas, chistes …

---

[122] Por ejemplo: «reconocido como "jefe" por su tribu gracias al prestigio que ha adquirido como organizador y conductor de incursiones victoriosas contra los grupos enemigos» (*Ibidem*, p. 179)

[123] *Ibidem*, p. 133.

[124] Comunidad como «un coro que no armoniza sus distintos componentes, sino que los conecta respetando su heterogeneidad» (DeLanda, Manuel, *Teoría de los ensamblajes y complejidad social, op. cit.*, p. 154).

[125] Como contraejemplo, Clastres nos recuerda lo que le ocurrió al jefe apache Jerónimo, jefe que traicionó su función comunitaria en pro de sus intereses individuales (Clastres, Pierre, *La Sociedad contra el Estado, op. cit*, p. 179).

[126] Clastres, Pierre, *Arqueología de la violencia. La guerra en las sociedades primitivas, op. cit.*, pp. 75-76.

[127] «Una ley es algo que une a los hombres entre sí […] no mediante una acción violenta o un dictado sino a través de un acuerdo y un convenio mutuos» (Arendt, Hannah, *¿Qué es la política?, op. cit.*, p. 120).

Mas si el contenido de lo que dice no es políticamente significativo, entonces, ¿por qué su Palabra-Ley?, ¿para qué habla? Contestaríamos hoy, desde la experiencia legislativa occidental: para que no existan *políticos* que, gracias a su retórica, de acuerdo con sus intereses, construyan diversas facciones y partidos que a su vez acaban publicando *sus leyes*. Esta función del jefe es de carácter formal: he aquí *lo político*. Mediante la Palabra, el jefe prohíbe aquellas políticas que oculten lo político desplegando una actividad *separada* del resto de las acciones vitales. Esto es: carente de contenido específico, la palabra del jefe, como Ley, atraviesa todas las relaciones *sociales* tiñéndolas de este carácter político igualitario y libertario. Así, la comunidad se genera y regenera *continuamente* mediante el gesto formal del jefe cuya palabra es lo contrario a una llamada a la oración: «una llamada que no afirma nada, sino que más bien, habla a la manera del silencio».[128]

Ruido de fondo horizontal, terrenal, inmanente: palabra sonora, estrictamente física. La Palabra-Ley produce la *isegoría*: todos los habitantes de la comunidad tienen derecho a hablar, a participar en igualdad de condiciones, pero nadie puede subirse a un púlpito (sobre un escalón que desencadena jerarquías). La *isegoría* se concibe como un concepto político *producido,* construido: en ningún caso se trata de un derecho natural-innato, genérico. Además, tampoco ha de entenderse como una propiedad exclusivamente humana sino transversal a todo participante de la comunidad, que queda *marcado* por la Ley. Bajo todo lo que hable cualquier habitante de la comunidad resuena la palabra del jefe, cual incesante ruido de fondo que impide que unos discursos valgan más que otros, que ciertos habitantes impongan sus opiniones o intereses particulares. Digamos que *lo político* (común) vigila la aparición contra-revolucionaria de idiotas políticos. Mas ya sabemos que, gracias (o no) a lo virtual, siempre es posible que esto ocurra. Para evitarlo, en estas sociedades primitivas no estatales, el ámbito político inmanente y transversal, radicalmente democrático, tiñe todas las actividades cotidianas. Cualquier acción que acontezca en la comunidad, sea comer, recolectar, defecar, bailar o hacer el amor, se construirá *con* este ruido abismal que produce el jefe. El término *isegoría* acoge en sí el *ágora* (concepto que trabajaremos en el siguiente apartado), lugar público[129] donde irrumpió la democracia ateniense. Al pie de la letra, *isegoría* es igualdad *(iso)* de ágora. El mismo jefe para todos, la misma libertad de participación para todos.

---

[128] ESPOSITO, Roberto, *Comunidad, inmunidad y biopolítica, op. cit.*, p. 41.
[129] «Para los griegos el espacio político-público es lo común (*koinon*) en que todos se reúnen, sólo él es el territorio en que todas las cosas, en su completud, adquieren validez» (ARENDT, Hannah, *¿Qué es la política?, op. cit.*, p. 111)

La Palabra-Ley del jefe, *lo político,* como un hilo incesante, cual susurro o balbuceo. El jefe, diciéndolo con Deleuze, tartamudea:

> Lo que importa es la y griega, la conjunción [...] Donde hay Y, hay relación, no únicamente porque la Y desequilibra todas las relaciones, sino porque desequilibra el ser, el verbo. La Y –y... y... y... y...– es exactamente ese tartamudeo creativo, el uso extranjero de la lengua que se opone a su uso conformista y dominante apoyado en el verbo ser [...] la Y griega es la diversidad, la multiplicidad, la destrucción de las identidades.[130]

La Ley afirma: «tú no vales menos que otro, tú no vales más que otro».[131] Asimismo, confiere una marca, una seña (de no-identidad) a todo habitante de la comunidad que absorbe[132] ese ruido de fondo. En ciertas comunidades estas marcas[133] en el cuerpo conllevan un sufrimiento terrible, una suerte de tortura ritual.[134] Su cometido es hacer resonar la Ley: «la marca en el cuerpo, igual en todos los cuerpos, enuncia: *No tendrás el deseo del poder, no tendrás el deseo de sumisión*».[135] Evidentemente, la violación de esta Ley[136] supone la exclusión definitiva de la comunidad pues ocasiona la posible intromisión del Estado, lo cual la conduciría a la ruina: a la jerarquía, al mando y la obediencia. En la misma línea, la relación con el lenguaje es decisiva:

> Al hombre civilizado el lenguaje se le volvió completamente *exterior,* porque ya no es para él sino un puro medio de comunicación y de información. La cualidad del sentido y la cantidad de los signos varían en sentido inverso. Las culturas primitivas por el contrario, más cuidadosas de celebrar el lenguaje que de servirse de él, han sabido mantener con él esta relación *interior* que es en sí misma ya alianza con lo sagrado.[137]

Continuando con la lógica *horizontalizadora,* el lenguaje no puede situarse en un plano trascendente y funcionar como una autoridad separada: de ahí que la palabra del jefe se vacíe de contenido, que no haya semántica en ella sino pura *gramática política.* La inversión, en cuanto la relación entre palabra y política, es harto significativa:

---

[130] DELEUZE, Gilles, *Conversaciones, op. cit.,* pp. 72-73.

[131] CLASTRES, Pierre, *La Sociedad contra el Estado, op. cit.,* p. 158.

[132] «La ley, en suma, proviene de un algo-otro que, sin embargo es parte de nosotros» (ESPOSITO, Roberto, *Comunidad, inmunidad y biopolítica, op. cit.,* p. 40).

[133] «No se trata aquí de estética, sino de política» (*Ibidem,* p. 132)

[134] CLASTRES, Pierre, *La Sociedad contra el Estado, op. cit.,* pp. 154-156.

[135] *Ibidem,* p. 159.

[136] «Ley ancestral que nadie puede transgredir [...] Violar la ley supondría alterar, cambiar el cuerpo social» (CLASTRES, Pierre, *Arqueología de la violencia. La guerra en las sociedades primitivas, op. cit.,* p. 76).

[137] Pierre Clastres, *La Sociedad contra el Estado, op. cit.,* p. 109.

Una diferencia, la más aparente y a la vez la más profunda, se revela en la conjugación de la palabra y del poder: si en la sociedades con Estado la palabra es el derecho del poder, en las sociedades sin estado, por el contrario, la palabra es el deber del poder. O para decirlo de otra forma, la sociedades indígenas no reconocen al jefe el derecho de la palabra porque es el jefe: ellas exigen del hombre destinado a ser jefe, que pruebe su dominio sobre las palabras. Hablar es para el jefe una obligación imperativa, la tribu quiere escucharlo: un jefe silencioso no puede seguir siendo un jefe.[138]

Ruido de fondo. Recordemos: no todo vale.[139] O bien: todo vale mientras incorpore esa gramática política, Ley común que, a fin de cuentas, «no prescribe otra cosa [que] la exigencia de la comunidad misma».[140]

La tercera función del jefe es producir movimiento centrífugo. Como apuntábamos *supra*, la palabra del jefe no es una llamada a la oración, a la congregación, a ocupar un espacio determinado, separado al efecto para otorgar una identidad al grupo (un redil), sino una llamada a la *dispersión*. Pero esta dispersión no debe confundirnos, no hablamos de un espacio concreto, no se trata de emigrar o de evitar mantenerse en un lugar fijo sino más bien de que las diferencias no se criogenicen y necrosen acomodándose en algún molde. Dispersar es continuar produciendo diferencias a la vez que rechazar que surja un centro que las subsuma. Por ende, el jefe produce un continuo descentramiento.[141]

Detengámonos ahora en el término *campo*. El campo de dispersión, siguiendo en este punto a Agamben,[142] se asemeja al campo de concentración en que surge a partir de una exclusión, en virtud de una ley marcial, en el contexto de un estado de excepción. Ahora bien, al contrario que los campos de concentración, tanto esta exclusión como la excepción y ley marcial proceden de la propia comunidad, no de otros agentes exteriores, que la infravaloran de algún modo situándola en una zona vigilada y de fácil control. Es decir: la propia comunidad es la que se

---

[138] *Ibidem*, p. 132.

[139] El Poder, como «la metafísica y la filosofía trascendental es, en primer lugar, esa alternativa que nos imponen: o bien un fondo indiferenciado, sin-fondo, no-ser informe, abismo sin diferencias y sin propiedades; o bien un Ser soberanamente individuado, una Forma fuertemente personalizada» (DELEUZE, Gilles, *Lógica del sentido, op. cit.*, p. 139).

[140] ESPOSITO, Roberto, *Comunidad, inmunidad y biopolítica, op. cit.*, p. 25.

[141] «La dirección es siempre del interior hacia el afuera, nunca del fuera al interior. La comunidad es la exteriorización del interior […] movimiento de descentramiento […] No abriga y no protege. Por el contrario, expone al sujeto al riesgo más extremo: el de perder, con la propia individualidad, los confines que le garantizan ser intangible frente al otro» (ESPOSITO, Roberto, *Comunidad, inmunidad y biopolítica, op. cit.*, p. 65).

[142] AGAMBEN, Giorgio, «¿Qué es un campo?», *Nombres. Revista de filosofía* (10), 2012. Recuperado de: <https://revistas.unc.edu.ar/index.php/NOMBRES/article/view/2167>.

autoexcluye para no poder ser excluida por otros. Como vemos, excluir significa aquí autoexcluirse (por Ley): no formar parte de una identidad preconcebida, no *registrar* acuerdos con otras comunidades, no firmar ningún contrato.[143] Digamos que la exclusión es *a priori*. Si el campo de concentración es creado para excluir a ciertos grupos (judíos y otros en el caso de los nazis), el campo de dispersión es creado para no poder ser excluido. La Ley proferida por el jefe configura un estado de excepción perpetuo para que no pueda existir Estado (reglado). En definitiva, «la lógica de la sociedad primitiva es una lógica de lo centrífugo, una lógica de lo múltiple».[144] Existe cierta cohesión[145] en la comunidad, obviamente, pero jamás un equilibrio[146] forzado en tanto estadio superior que someta las diferencias. No hay *estabilidad forzada,* pues, en conexión con lo virtual, el conflicto es constante. La comunidad permanece viva, activa, los potenciales vitales no son menoscabados por ninguna biopolítica. El bioPoder no emergerá mientras no exista autoridad jerárquica. La figura del jefe, como anti-centro, hace vibrar el espacio de tal forma

---

[143] Refiriéndose a las comunidades indígenas, afirma Clastres: «la idea de contrato sin duda les provocaría risa. No darían su palabra ni soñando» (CLASTRES, Pierre, *Investigaciones en antropología política, op. cit.*, p. 27).

[144] CLASTRES, Pierre, *Arqueología de la violencia. La guerra en las sociedades primitivas, op. cit.*, p. 96.

[145] Esta cohesión implica cierta dinámica centrípeta, como nos recuerda Jesús Ezquerra al estudiar la muralla de la *pólis* griega: «Su dinamismo no es únicamente centrífugo, de rechazo del exterior, sino también centrípeto, de recolección de lo interior» (EZQUERRA GÓMEZ, Jesús, *Pólis y caos. Reflexiones sobre el principio de la política, op. cit.*, p. 58). Pero Clastres asocia el movimiento centrípeto al Poder del Estado-Uno: «¿Qué es la sociedad primitiva? Es una multiplicidad de comunidades indivisas que obedecen a una misma lógica de lo centrífugo. ¿Cuál es la institución que expresa y garantiza a la vez la permanencia de esta lógica? Es la guerra, como verdad de la relaciones entre las comunidades, como principal medio sociológico de promover la fuerza centrífuga de dispersión contra la fuerza centrípeta de unificación» (CLASTRES, Pierre, *Investigaciones en antropología política, op. cit.*, p. 215). En palabras de Lautréamont sobre el vuelo de los estorninos que cita McKenzie Wark: «Los estorninos obedecen la voz del instinto, y su instinto los lleva a agruparse en el centro del escuadrón, mientras que la velocidad de su vuelo los lleva constantemente más allá; de modo que esta multitud de aves así unidas por una tendencia común hacia el mismo punto magnético, que van y vienen incesantemente, circulando y entrecruzándose en todas direcciones, forma una especie de agitado remolino cuya masa completa, sin seguir un curso fijado, parece tener un movimiento general de giro sobre sí misma como resultado de los movimientos circulatorios particulares propios de cada una de sus partes, y cuyo centro, que tiende perpetuamente a expandirse pero que se comprime continuamente, empujado hacia atrás por el esfuerzo contrario de las líneas circundantes que lo sustentan, se vuelve constantemente más denso que cualquiera de esas líneas, que a su vez son más densas cuanto más cerca están del centro» (WARK, McKenzie, *La playa bajo la calle*, José Luis Piquero (trad.), Madrid, Hermida, 2018, p. 69)

[146] «El equilibrio, siempre por conquistarse, entre la dualidad de lo periférico y de lo focal, no podría ser confundido con la simple homogeneidad del todo» (CLASTRES, Pierre, *La sociedad contra el estado, op. cit.*, p. 52).

que no sea posible determinar con precisión un adentro y un afuera: la comunidad no instituye fronteras fijas ni, por lo tanto, puede replegarse intramuros hacia un centro. Hablamos entonces de un espacio móvil, nómada, marginal.

En cuarto lugar, como consecuencia del movimiento centrífugo del punto anterior, la Ley convierte a la comunidad en una sociedad guerrera. Pierre Clastres expone su tesis: para evitar las guerras (de Estado), debemos ser conscientes de que el conflicto es continuo, de que la posibilidad de que aparezcan *clases* y estas pretendan dictar sus leyes, de que alguien quiera tomar el Poder[147] y, a su vez, de que otros quieran obedecer, es ineluctable. Por ello, critica varias explicaciones sobre la guerra inscritas en dos grandes discursos: 1) naturaleza y 2) economía. En la naturaleza, a su vez, aparecen dos sub-formas: 1a) estado de naturaleza y 1b) biología; al igual que en la economía: 2a) miseria y 2b) intercambio. Desgranemos brevemente cada una de ellas.

1a. En primer lugar, guerra como efecto del estado de naturaleza hobbesiano basado en una «propiedad zoológica de la especie humana».[148] Aquí Clastres rebate el postulado esencialista que atribuye esa *propiedad violenta* a la naturaleza humana, es decir, el ser humano se comporta así, necesariamente, por naturaleza. La guerra es consecuencia directa de este estado de naturaleza que el Poder político ha de pacificar. Comprobaremos a continuación que, tanto en esta explicación como en el resto, la guerra no es más que el resultado de una causa primera que la determina. En este punto, se trata de la naturaleza humana.

1b. Turno ahora de la tesis que establece una causa-efecto entre caza y guerra: «la guerra para Leroi-Gourhan es *la caza del hombre*».[149] Aquí se produce una «disolución de lo sociológico en lo biológico».[150] La explicación subyacente de Leroi-Gourhan se basa en la necesidad fisiológica del hambre que determina el plano sociológico. Si el hombre caza para saciar su hambre biológico; la guerra se inserta en el marco de un hambre sociológico, por ejemplo, un ansia de Poder. Sin embargo, afirma Clastres a la contra: «si la guerra es caza, entonces la guerra es caza del hombre, entonces la caza debe ser, por ejemplo, la guerra a los bisontes»,[151] criticando el argumento que pretende establecer la caza como causa primera.

2a. Sobre el terreno de la economía, tradicionalmente las sociedades primitivas se han comprendido como economías de subsistencia. De acuerdo con esta tesis, les resulta harto complicado cubrir sus necesidades vitales básicas y por ello

---

[147] «El poder es, en su esencia, coerción» (CLASTRES, Pierre, *Arqueología de la violencia. La guerra en las sociedades primitivas*, op. cit., p. 19).

[148] CLASTRES, Pierre, *Arqueología de la violencia. La guerra en las sociedades primitivas*, op. cit., p. 49.

[149] *Ibidem*, p. 51.

[150] *Ibidem*, p. 53.

[151] *Ibid*.

necesitan hacer la guerra para apoderarse de recursos de otras comunidades. En definitiva: «la economía primitiva es, pues, una economía de la miseria, y es en este contexto donde se produce el fenómeno de la guerra».[152] Sin embargo, el trabajo de campo de antropólogos y etnólogos desmiente lo antedicho: las sociedades primitivas son, en cambio, sociedades de abundancia, en buena medida autosuficientes, luego, contra este discurso economicista,[153] no tienen por qué ir a la guerra para poder subsistir. Incluso «la sociedad primitiva es capaz, precisamente, de satisfacer todas sus necesidades sin verse forzada a solicitar ayuda ajena».[154]

2b. La última explicación nos conduce al trabajo de Lévi-Strauss: «los intercambios económicos se presentan como guerras potenciales resueltas pacíficamente, y las guerras son el resultado de transacciones malogradas».[155] De nuevo se concibe la guerra como resultado, *a consecuencia de,* en este caso, tras una intercambio comercial que no llega a buen puerto. Sin embargo, arguye Clastres que «la idea de un vínculo entre guerra y comercio en realidad es una banalidad etnológica»,[156] una afirmación sin ninguna base científica, refutada por numerosos trabajos de campo.

¿Cuál es la visión de la guerra que formula Pierre Clastres? Para poder ser pensada en toda su amplitud problemática, la guerra ha de ser liberada de cualquier dependencia, se ha de concebir por sí misma[157], en su positividad, no a partir de la biología, economía, sociología... como acabamos de ver, pues caso contrario «se reduce a una propiedad accidental, azarosa, inesencial de aquella[s]».[158] La concepción de Clastres es similar a otras formulaciones, como la que lleva a cabo el colectivo Tiqqun:

> El Comité Invisible nos recuerda en su libro *A nuestros amigos* que los griegos antiguos, anticipándose a Michel Foucault, descubrieron que la política no es más que «la continuación de la guerra por otros medios». La guerra [...] entendida [...] como 'la lógica que preside el contacto de potencias heterogéneas'.[159]

---

[152] *Ibidem*, p. 54.

[153] *Ibidem*, p. 57.

[154] *Ibidem*, p. 65.

[155] *Ibidem*, p. 62. Dicho de otro modo: «*la guerra es una estructura de la sociedad primitiva* y no el fracaso accidental de un intercambio fallido» (CLASTRES, Pierre, *Arqueología de la violencia. La guerra en las sociedades primitivas, op. cit*, p. 80).

[156] *Ibidem*, p. 63.

[157] *Ibidem*, p. 66.

[158] *Ibidem*, p. 67.

[159] EZQUERRA GÓMEZ, Jesús, *Pólis y caos. Reflexiones sobre el principio de la política, op. cit*., p. 63.

En el fondo, lo que el colectivo Tiqqun (o Comité Invisible) sostiene de un modo abiertamente subversivo[160] es que lo primero[161] (obviamente no cronológicamente sino ontológicamente) es la guerra, conectada a *lo político*. El derecho, los acuerdos, las normas, las leyes[162]... son *a posteriori,* dado que se construyen sobre esa base del conflicto permanente que es la guerra. Aquí subyace, obviamente, una filosofía materialista, una ontología de fuerzas donde no es posible un equilibrio permanente, estático. Evitando el paradigma sujeto-objeto, cada ente supone cierta configuración de fuerzas, cierto modo de ser, diciéndolo con Spinoza. Y ya se ha explicado más arriba que las fuerzas son tanto potenciales virtuales (aquello *por hacer)* como actuales (lo que efectivamente hacen) que se retroalimentan, luego las diferencias no son cancelables, luego siempre habrá conflictos, diversidad, heterogeneidad. Tiqqun habla de *guerra civil:* «la política *está* ahí, inmediata y regularmente, como *guerra civil*».[163] Esa *política* refiere a lo que hemos llamado

---

[160] Esta guerra será llamada guerra *civil*: «la guerra civil es el libre juego de las formas-de-vida, el principio de su co-existencia. Guerra porque, en cada juego singular entre formas de vida, la eventualidad del enfrentamiento bruto, del recurso a la violencia, no puede ser nunca anulada» (TIQQUN, *Introducción a la guerra civil*, Raúl Suárez Tortosa y Santiago Rodríguez Rivarola (trad.), Santa Cruz de Tenerife, Melusina, 2008, p. 16). Véanse al hilo unas cuantas muestras: «De la misma manera que no hay "naturaleza", no hay "sociedad" [sino] un hormigueo de mundos, un mundo hecho de todo un cúmulo de mundos y atravesado por tanto de conflicto entre ellos, de atracciones, de repulsiones» (COMITÉ INVISIBLE, *A nuestros amigos*, Vicente E. Barbarroja y León E. Barrera (trad.), Logroño, Pepitas editorial, 2015, pp. 208-209). «Nos quieren obligar a gobernar, no vamos a caer en esa provocación» (*Ibidem*, p. 43), pues «todo acto de gobierno es tan sólo un modo de no perder el control sobre la población» (COMITÉ INVISIBLE, *La insurrección que viene*, Pichel Montoya y Yaiza Nerea (trad.), Santa Cruz de Tenerife, Melusina, 2010, pp. 120-121). «Si la política no fuese más que la de los 'políticos', bastaría con apagar la tele y la radio para no volver oír hablar de ella. Pero resulta que Francia, que sólo para la galería es el "país-de-los-derechos-humanos", es más bien y sin lugar a dudas el país del poder [...] Todas las relaciones *sociales* son relaciones de poder [...] La política es, en Francia, una enfermedad cultural» (COMITÉ INVISIBLE, *Ahora*, Diego Luis Sanromán (trad.), Logroño, Pepitas editorial, 2017, p. 55). «La guerra ya no puede entenderse como un momento aislado de nuestra existencia, el de la confrontación última; a partir de ahora nuestra propia existencia, en todos sus aspectos, ha pasado a ser una guerra» (TIQQUN, *Esto no es un programa*, Javier Palacio Tauste (trad.), Madrid, Errata Naturae, 2014, p. 66).

[161] «Pero ¿y si lo primero no fuera el derecho? ¿Y si lo primero fuera la guerra? Esta es la hipótesis que propone Michel Foucault en la clase del 7 de enero de 1976» (EZQUERRA GÓMEZ, Jesús, *Pólis y caos. Reflexiones sobre el principio de la política*, op. cit., p. 78). Precisamente en esta clase que cita Ezquerra, recogida en el título *Hay que defender la sociedad*, (*op. cit.*), Michel Foucault afirma: «Nunca se escribiría otra cosa que la historia de esta misma guerra, aunque se escribiera la historia de la paz y sus instituciones» (*Ibidem*, p. 25). En otras, palabras: todo lo que ocurre son «secuelas de la guerra» (*Id.*).

[162] «El orden civil no surge de la cancelación de la guerra, sino que es una posibilidad que brinda la guerra misma» (*Ibidem*, p. 40).

[163] *Ibidem*, p. 74.

lo político. Guerra civil que funciona como sustrato abismal sobre el que emergen las diferentes políticas, distinguiéndose así dos planos: por un lado, lo virtual-lo político-la Guerra; por otro, lo actual-las políticas-¿las guerras?

Regresando a Clastres: «el estado de guerra es permanente, pero los Salvajes no pasan todo el tiempo haciendo la guerra».[164] Ese estado de guerra permanente es el concepto de *guerra civil* que propone Tiqqun en su lectura de la *stasis* griega, en tanto «*estado normal* de la materia política o, por así decirlo, su *grado cero*». Pero aquel *segundo hacer* la guerra alude al plano de las políticas, a la dimensión actual, a cierta ejecución o determinación de *lo político*. Esta es la razón de ser de la siguiente afirmación: «*la guerra prevalece sobre la alianza*»,[165] es decir, lo actual (sea alianza, sea guerra) se genera a partir de lo virtual (guerra permanente), que siempre prevalece. Clastres: la *stasis* es lo contrario al Estado. El Estado pacifica[166] ese estadio conflictivo menoscabando los potenciales vitales, alienando, convirtiendo a los seres en sujetos y en objetos, generando jerarquías. El Estado[167] es el Uno, el unificador, el asimilador de diferencias, el normalizador, el estabilizador, el que pacifica para después, si le interesa, hacer *su* guerra o imponer *su* paz.

En resumidas cuentas, los campos de dispersión son anti-estatales, conciben la guerra permanente cual motor anti-jerárquico. «La autonomía sociopolítica y la indivisión sociológica se condicionan mutuamente y la lógica centrífuga de la fragmentación es un rechazo a la lógica unificadora del Uno».[168] El equilibrio siempre es frágil,[169] no puede ser de otra manera, dado que toda norma se construye sobre el caos. Normas, no olvidemos, que no son leyes sino meros acuerdos que no producen jurisprudencia. Nadie es igual ante la ley. No hay leyes, no hay igualdad entre nadie. Ser igual ante la ley comporta subsunción, eliminación de diferencias, ocultamiento de lo virtual. Al contrario, las diferencias no pueden ser equiparadas por ninguna ley, se encuentran en constante dispersión. Habrá acuerdos de todo tipo, pero ninguno de ellos podrá convertirse en una ley (escrita o no) que vincule a otros que no han participado de los mismos. Además, todo acuerdo es, evidentemente, provisional, esporádico, pues los *firmantes* en cualquier momento pueden disolverlo y/o transformarlo. En definitiva, cualquier norma política quedará bajo el imperio de la Ley, de esta otra Ley que proviene de la palabra del jefe y que impide que existan leyes al uso.

---

[164] CLASTRES, Pierre, *Arqueología de la violencia. La guerra en las sociedades primitivas, op. cit.*, p. 93.
[165] *Ibidem*, p. 84.
[166] «La pérdida de la libertad que obliga a los Salvajes a un pacifismo forzoso» (*Ibidem*, p. 47)
[167] «El rechazo del Estado es [...] el rechazo a la sumisión [...] el rechazo de la alienación» (*Ibidem*, p. 99).
[168] *Ibidem*, p. 98.
[169] *Ibidem*, p. 79.

UN ÁGORA DIFERENTE
A LA DE LA *PÓLIS*

La lectura de Jesús Ezquerra sobre la *pólis* griega presenta reveladoras similitudes con el discurso de Pierre Clastres en torno a las sociedades primitivas.[170] Ya nos alertaba Lao Tse que las palabras de la verdad son paradójicas:

> La *pólis* griega presenta así un carácter paradójico: en su interior, operando como *condición y límites* suyos, se encuentra en la ausencia de *pólis*: el espacio vacío del ágora. Ese espacio que se abre en el interior de la ciudad es caos en el sentido griego del término. Es por ello, de modo eminente, el lugar donde el hombre puede ser. ¿Ser qué? Lo que él decida ser.[171]

Encontramos de nuevo la misma paradoja: cualquier política (*arjé*) surge a partir del no-Poder (anarquía: *an-arjé*); este principio no es autoritario, rígido, fundamental, sino más bien abismal; todo cosmos, toda ordenación política, emerge del caos. Siguiendo a Ezquerra, dos elementos vertebran la *pólis* en tanto comunidad democrática: el ágora y la muralla. En primer lugar, «el ágora es un espacio *ácrata,* de todos y de nadie, centro vacío[172] del orden político, que es, sin embargo, condición de posibilidad suya. *Condición y límite*».[173] Ágora[174] en cuanto espacio

---

[170] Apunta McLuhan: «la ciudad-Estado griega era una forma tribal de comunidad inclusiva e integral» (McLuhan, Marshall, *Comprender los medios de comunicación. Las extensiones del ser humano, op. cit.*, p. 114).

[171] Ezquerra Gómez, Jesús, *Pólis y caos. Reflexiones sobre el principio de la política, op. cit.*, p. 11.

[172] Al hilo, Roberto Esposito cita a Simone Weil: «en el centro se encontrará el vacío» (Esposito, Roberto, *Comunidad, inmunidad y biopolítica, op. cit.*, p. 95)

[173] Ezquerra Gómez, Jesús, *Pólis y caos. Reflexiones sobre el principio de la política, op. cit.*, p. 32.

[174] Comprendemos el ágora como el espacio público, sin entrar a diferenciarla de la *ekklesía*, como hacen Christian Laval y Pierre Dardot: «aquí la cuestión esencial es la distinción operada entre el *agora* y la *ekklesía*. En el ágora se trata de lo público en el sentido en que "yo hablo con otros", pero este espacio público es al mismo tiempo privado en la medida en que "allí no se puede tomar ninguna decisión política" [...] Por el contrario, en la *ekklesía* en el sentido amplio, que comprende

vacío que se ha de llenar (con las diversas políticas) pero para volver a vaciarse (ninguna política se instalará como Poder). En ese lugar vacío existe una Ley, o, mejor dicho, ese lugar vacío es Ley: nadie o nada puede establecerse allí como portavoz principal. Ninguna ley (política) podrá rebatir la Ley del ágora (*lo político*). Al igual que el impersonal jefe indio, el ágora no es sino el Púlpito que prohíbe la construcción de púlpitos. Ágora y jefe indio, paradójicos Púlpitos anti-púlpitos.

Lo que se habla en el ágora no queda, no se fija, pues siempre se puede volver a debatir, rebatir y reconfigurar. Sólo el ágora permanece para ofrecer el lugar común fuente de las diversas políticas. Como ocurre con el jefe indio: tampoco dice nada especialmente significativo, no impone lo que se ha de decir sino que nada que se diga podrá ser impuesto. En los mensajes del ágora y del jefe indio no hay señales específicas sino ruido de fondo. El espíritu democrático (que mantiene vivas las diferencias contra todo modelo identitario) brota por los poros de la tierra del ágora, por las palabras del jefe. Porque el ágora también es «el lugar de la palabra»,[175] pues «la palabra deja así de ser oración o plegaria y se convierte en lo que crea *realidad*».[176] Es decir: construye políticas. La clave del ágora y del jefe es que han de ser necesarios, y en exclusiva. Nadie ocupará el ágora, ha de seguir siendo un lugar vacío, donde todos quepan, donde las diferencias participen en igualdad[177] de condiciones. El ágora dicta la misma Ley que la palabra del jefe indio: os organizaréis libremente, pero siempre bajo el dictado de la no autoridad. Una suerte de dictadura, sin duda, anti-dictatorial, un «vacío que se destaca sobre el fondo del denso e inarticulado ruido de la multitud ciudadana».[178]

En este punto irrumpe una diferencia entre la sociedad primitiva anti-estatal de Castres y la *pólis* griega: en torno a la muralla, la otra cara del ágora:

---

tanto la "asamblea del pueblo" como el "gobierno" y los tribunales, me encuentro en un espacio público/público» (LAVAL, Christian y DARDOT, Pierre, *Común. Ensayo sobre la revolución en el s. XXI*, Alfonso Díez (trad.), Barcelona, Gedisa, 2015, p. 525). Esta visión acerca al ágora al espacio privado del *oikos*, pues en ninguno de los dos se hace política, como sí ocurre en la *ekklesía*, espacio público/público, diferenciado del *ágora* (espacio público/privado) y del *oikos* (espacio privado/privado). No seguiremos esta línea y comprenderemos el *ágora*, con Ezquerra, como el espacio público donde se construyen las políticas. No obstante, más allá de los matices conceptuales, lo que buscan tanto Laval como Dardot, Ezquerra y otros tantos pensadores en la misma línea de Castoriadis es: «el principio [...]de la cooobligación fundada en la codecisión y co-actividad, es decir, lo común en sí mismo como principio político» (*Ibidem*, p. 526).

[175] EZQUERRA GÓMEZ, Jesús, *Pólis y caos. Reflexiones sobre el principio de la política, op. cit.*, p. 33.
[176] *Ibidem*, p. 104.
[177] «La *isonomía* (la igualdad ante la ley) es un efecto de la *isokratía* (la igualdad de fuerzas)» (*Ibidem*, p. 39).
[178] EZQUERRA GÓMEZ, Jesús, *Pólis y caos. Reflexiones sobre el principio de la política, op. cit.*, p. 100.

> No es, por lo tanto, la ciudad es la que decide en determinado momento amurallarse, sino que, por el contrario, es *la muralla la que, al cerrarse sobre sí, se descubre ciudad*. La muralla no encierra la ciudad: *la funda*.[179]

Vemos que la función de la muralla es la fundación de la ciudad. Huelga decir que en ningún caso se trata de una fundación mítica que busca la continuación de un orden establecido o la reconciliación con una herencia ideal. Si el ágora es el espacio donde las diferencias entran en juego, la muralla otorga cohesión a la comunidad. La muralla y el ágora están, pues, interconectados. Ahora bien, gracias al ágora, las comunidades, o las ciudades en este caso, que siempre son unidades,[180] mantienen la lógica diferencial. Si en lugar de ágora existiese un Dios o un rey, todo cambiaría, la muralla de la ciudad en ese caso sí la encerraría: la comunidad ya no sería una multiplicidad diferencial sino una identidad (o una suma de ellas) y las diferencias-potenciales de los habitantes serían pulidas y uniformadas por el Poder central. Pero sabemos que en la *pólis* el centro es el continuo descentramiento, el caos, como ocurre en las comunidades primitivas. Ahora bien: si el jefe indio, con *su* Ley, impone tanto la no jerarquía como la cohesión, en la sociedad primitiva no es necesaria la muralla, dado que su función es ejercida, como hemos visto más arriba, por la palabra del jefe.

Retomando y resumiendo lo antedicho, el jefe indio funciona como ágora y muralla: producción de cohesión (muralla) diferencial (ágora) sobre la Ley del caos y la guerra que genera políticas *isonómicas, isegóricas e isokráticas*. Así que la diferencia más significativa entre la *pólis* (de acuerdo con Jesús Ezquerra) y la sociedad primitiva (según Clastres) remite a la forma de organización de los espacios, pues ambas constituyen sociedades no estatales. Llamemos a esta diferencia *partícula-onda*, usando terminología de la física cuántica, enseguida veremos por qué.

Bien, hasta aquí sabemos que el ágora y la muralla de la *pólis* son elementos materiales (lugares específicos que llevan a cabo sus funciones correspondientes), pero en la sociedad primitiva el ágora y la muralla son más bien *inmateriales*. Teniendo en cuenta el peligro que entraña el término *inmaterial*, pues puede evocar tintes metafísicos o idealistas, desde una perspectiva materialista en la que nos movemos, debemos aclarar este significado. Y aquí llega la explicación de ese extraño binomio *partícula-onda*. Utilizando el conceptuario de la física cuántica, diríamos que el ágora y la muralla griegas se comprenden como par-

---

[179] *Ibidem*, p. 57.
[180] «Algo que no es individual ni personal, y sin embargo es singular» (DELEUZE, Gilles, *Lógica del sentido, op. cit.*, p. 141). Unidades en tanto singularidades: cada comunidad o cada *pólis* es *una*, pero todas ellas difieren entre ellas, pues no surgen a partir de un modelo sino que cada una se construye a su modo.

tículas y el jefe indio como onda. El ágora es un lugar físico concreto, vacío (de casas, comercios u otros edificios). Allí se reúne la comunidad. Obviamente, si los habitantes lo deciden así (en el propio ágora), este lugar puede cambiar su situación (sus coordenadas), poco importa si se encuentra en el centro o a las afueras pues lo fundamental es su función. En cambio, la palabra del jefe indio genera un espacio de corte ondulatorio o vibratorio: la política podrá ser construida desde cualquier zona, y no será necesaria la presencia de los participantes en el lugar específico (particular) del ágora. Ello comporta una mayor libertad pero también un mayor riesgo, evidentemente. El riesgo, ya lo sabemos, de todas maneras, siempre subyace: cualquier habitante (o grupo) *puede* transgredir la Ley tratando de imponer su autoridad. Así que en la sociedad primitiva, como se puede hacer política en cualquier lugar (no sólo en el ágora, como en la *pólis*), en la clandestinidad, se podrían producir acuerdos *privados* que derivasen en leyes (contraviniendo a la Ley) más fácilmente. Lo cual, dicho sea de paso, también puede suceder en la *pólis*. La libertad de la que hablábamos (que dispone la sociedad primitiva) se asocia con el hecho de que no es necesario ir a un lugar determinado para acordar allí normas políticas ni tampoco todas ellas han de ser más o menos generales (no es necesario respetar ninguna clase de *quórum*). Se evita así un problema recurrente en la *pólis*: los habitantes deben recorrer ciertos trayectos desde sus hogares para arribar al ágora o dejar desatendidas labores domésticas que no deberían ser aplazadas. He aquí la consabida problemática del ocio: aquellos adinerados que poseen esclavos en sus hogares pueden dedicarse tranquilamente a la política, lo cual comporta una diferenciación social[181] que no se admite bajo ningún concepto en la sociedad primitiva de Clastres. Por otro lado, si esta requiere de un acuerdo general, el lugar de reunión será el que decidan en ese momento, dependiendo de las circunstancias en que deba dirimirse.

Con la muralla ocurre algo similar. En la sociedad primitiva es la Ley, palabra del jefe, la que otorga cohesión al grupo, ese campo ondulatorio que permea en todo momento cual ruido de fondo. Ello obliga a la participación política, impone la carga (*munus*) que porta consigo toda comunidad. Si una *pólis* puede ser trazada sobre un plano, pues siempre el ágora y la muralla ocupan ciertos espacios (particulares, de ahí el concepto de *partículas*), aunque puedan cambiar de lugar, la sociedad primitiva de Clastres se resiste a ser dibujada, representada, en un papel, dado su carácter ondulatorio.

---

[181] Las sociedades primitivas son «máquinas sociales animadas por la voluntad de perseverar en su ser indiviso» (CLASTRES, Pierre, *Investigaciones en antropología política, op. cit.*, p. 127).

Dejando de lado estas diferencias, esos *pros* y *contras*, aunando de nuevo el ágora y la muralla de la *pólis* con el jefe indio: ambos son géiseres permanentes. Emiten ruido pero no permiten bajo ningún concepto que nadie se sitúe en el lugar de emisión. Impiden la violencia del bioPoder,[182] esto es, las biopolíticas autoritarias que menoscaban los potenciales de los participantes. Retomando el par *zoé-bíos*, no hay separación taxativa entre ambos, no hay subsunción de un potencial sobre otro. Todas las políticas conectan con *lo político*, dejando siempre espacio, liberando ese *entre*[183] común. No existe violencia, en términos de Arendt: «la violencia como medio cuyo fin supremo debe ser el mantenimiento y organización de la vida».[184] Este mantenimiento y organización se entienden como elementos limitantes, reductores.

Hemos de ampliar el marco ontológico del concepto *vida, más allá de lo humano y lo orgánico, y también más allá de Arendt.*[185] En este punto convocamos de nuevo a Deleuze y asociamos vida con lo virtual, aquella dimensión, recordemos, que atraviesa la realidad cual espectro indeterminado potencial. Sociedades primitivas y *póleis* permanecerán vivas mientras existan ágoras y jefes indios, pues «mueren los organismos, no la vida».[186] Los habitantes (organismos) morirán, pasarán de largo, serán asesinados, se convertirán en jefes, cambiarán levemente, se transformarán radicalmente, construirán diversas políticas… no podemos preverlo. Pero lo que sí ocurrirá es que la vida continuará, *sobrevivirá*. Esta concepción de la vida remite a lo virtual, pero, claro, hay que vivir de algún modo, lo cual nos conduce a lo actual. Debemos elegir qué hacer, cómo vivir, es decir, ejecutar acciones que desplieguen el potencial abismal de la vida. Por ejemplo, podemos vivir como súbditos o dictadores en sociedades jerárquicas o bien cuales seres comunitarios en campos de dispersión. Infinidad de modos, pero todos ellos necesariamente finitos, como afirmaba Spinoza. Vida virtual, formas de vida actuales. Al igual que con *lo político*, ensanchemos al máximo el concepto *vida* para que no pueda ser apropiado por algunos seres (organismos) privilegiados y afirmar: «la cuestión de la vida se ha hecho una con la del mundo».[187]

---

[182] He aquí el aviso de Negri que cita Laura Bazzicalupo: «utilizar la biopolítica contra el biopoder, movilizar la potencia de la multitud contra el biopoder imperial que la ha hecho crecer solo para utilizarla» (BAZZICALUPO, Laura, *Biopolítica. Un mapa conceptual, op. cit.,* p. 136).

[183] En este mismo sentido Miguel Abensour cita a Reiner Schürmann, autor de la obra *El principio anarquía*: «lo político es el espacio en el que las cosas, las acciones y las palabras pueden convenir» (ABENSOUR, Miguel, *Para una filosofía práctica. Ensayos, op. cit.,* p. 52).

[184] ARENDT, Hannah, *¿Qué es la política?, op. cit.,* p. 97

[185] «Aquí ya no se trata únicamente de la libertad sino de la vida, de la existencia de la humanidad y tal vez de toda la vida orgánica sobre la Tierra» (*Ibidem*, p. 62).

[186] DELEUZE, Gilles, *Conversaciones, op. cit.,* p. 228.

[187] BAZZICALUPO, Laura, *Biopolítica. Un mapa conceptual, op. cit.,* p. 135.

LAS MÁQUINAS DE GUERRA
Y EL JUEGO DE LAS POLÍTICAS

«El universo quiere jugar»[188]

Hasta aquí, tras la introducción y la consiguiente presentación de los conceptos principales de los interlocutores que vertebran nuestro discurso, después de analizar los procesos de sujeción que lleva a cabo el Poder, hemos insertado en los campos de dispersión las funciones del jefe indio en la sociedad primitiva de Clastres y las hemos relacionado con la lectura de Ezquerra sobre el ágora y la muralla de las *póleis* griegas. Nos detendremos en este apartado en un análisis sobre algunos aspectos del juego aplicado a nuestra problemática. Páginas atrás, cuando iniciábamos la presentación del concepto *jefe indio* basado en la lectura de Clastres, hacíamos referencia a la figura del rey en el ajedrez, resaltando el hecho de que el jefe es uno más, otra pieza sobre el tablero, ni superior ni inferior que el resto de participantes y por tanto igual de diferente, aunque con una función crucial, la de otorgar cohesión al grupo ya que si cae el rey se acaba la partida. Asimismo sabemos que esta función específica del rey, en tanto portavoz o portaestandarte, no genera ningún Poder sino más bien ciertas cargas *(munus)* que mantienen unida (viva) la comunidad (recordemos que en *co-munus* el prefijo *co-* irradia horizontalidad). Sin embargo, hemos de tener cuidado con esta analogía, pues el ajedrez no nos serviría como ejemplo más allá de lo antedicho, como alertan Deleuze y Guattari:

> el ajedrez es un juego de Estado [...] Las piezas de ajedrez están codificadas, tienen una naturaleza interna o propiedades intrínsecas, de las que deriva a sus movimientos, sus posiciones, sus enfrentamientos. Están cualificadas, el caballo siempre es un caballo, el un alfil, el peón un peón.[189]

Las piezas de ajedrez obedecen a un modelo que las determina, no son habitantes que puedan desplegar sus diferencias vitales sino que han de someterse a

[188] BEY, Hakim, *T.A.Z.*, *op. cit.*, p. 80.
[189] DELEUZE, Gilles y GUATTARI, Felix, *Mil mesetas*, *op. cit.*, p. 360.

una lógica que las dota de una identidad. En este sentido, las piezas de ajedrez son siervas, esclavas. Todas ellas, el rey incluido. Contra el ajedrez, aseguran Deleuze y Guattari, el juego del *go* presenta una alternativa: «los peones del go, por el contrario, son bolas, fichas, simples unidades aritméticas, cuya única función es anónima, colectiva o de tercera persona».[190] Aquí ya sí son libres de expresar sus diferencias potenciales, no están clasificadas de antemano. Si el tablero de ajedrez encasilla las piezas (en sus casillas), las etiqueta, les prohíbe ciertos movimientos, el tablero del go, en cambio, posee líneas (que no casillas), una suerte de caminos que recorren las fichas. En este tablero existen siempre espacios vacíos, los centros no pueden ser ocupados, por lo que estas *no-casillas* sí podrían simbolizar ágoras. En sus límites, en las líneas que realizan las funciones de muralla, las fichas ejecutan sus movimientos. En cambio, en el tablero de ajedrez, las casillas, ocupadas por las figuras, ocultan el ágora y ocurre lo contario que en el go: las líneas que separan unas casillas de otras no son las murallas de las *póleis* sino más bien límites internos fronterizos que establece el Poder (aduanas, controles). Si cada pieza del ajedrez ha de ocupar su lugar (un centro), las fichas del go recorren las líneas y paran en las intersecciones, descentrándose continuamente, habitando murallas, transformándolas, cambiándolas de sitio a su paso, pero siempre respetando el lugar vacío del ágora. No obstante, si prosiguiéramos ampliando el campo de este análisis enseguida nos toparíamos con varios *peros,* por ejemplo:

1. sobre el tablero, tanto en el go como en el ajedrez, existen dos rivales (blancas y negras), lo cual no nos sirve para dar cuenta de una comunidad concreta sino que referiría más bien a una guerra política, *exterior* (entre dos comunidades, blancas por un lado, negras por otro).
2. las fichas de go no pueden entran en el ágora, no se reúnen allí para construir sus políticas o sus estrategias, lo cual no concuerda en absoluto con la función del ágora en la *pólis.*

Hemos visto que ni en el ajedrez ni en el go hay ágoras: en el primero, las piezas ocupan los centros de las casillas, luego el ágora no es un lugar vacío; en el segundo, parecería a primera vista que sí hay ágoras,[191] en tanto lugares vacíos, pero enseguida reparamos en que allí no se reúne nadie. Por otro lado, en el ajedrez no hay murallas (como en las *póleis*) sino muros con alambres de espino: dado su marcado carácter centrípeto, las fichas no las pueden pisar ni habitar, sólo se trata de puestos de control; en el go (casillas exclusivamente centrífugas) sí parece haber murallas

---

[190] *Ibidem*, p. 361.
[191] Aquí cabría preguntarse: ¿podría la *pólis* tener varias ágoras? Es lo que le ocurre a la sociedad primitiva de Clastres, que no es que tenga varias ágoras sino que el ágora ocupa toda el espacio, pues se trata de ese campo de resonancia de la palabra del jefe de la que hablábamos.

de tipo *pólis,* pues por esas líneas transitan las fichas sin problemas, cambiándolas a su paso, pero sabemos que las murallas sin ágoras no pueden mantener el carácter democrático de la comunidad al ser dos caras de la misma moneda. ¿Hemos llegado a un callejón sin salida en nuestra búsqueda de hallar relaciones entre estos juegos y nuestros espacios democráticos? No desistamos todavía.

¿Y si nos deshiciéramos de las casillas del tablero, de todas las líneas divisorias? Veamos. Ahora es el tablero entero el que puede funcionar como ágora: se juega en el tablero, esa es la Ley, el juego de la política, allí se construye la comunidad, no en otra parte. El tablero sin casillas ni líneas, completamente vacío, es el ágora, lugar donde se reúnen los habitantes para formular políticas (sean piezas de ajedrez o de go u otras). Pero enseguida nos percatamos de que este tablero sin marcas difiere significativamente del ágora de la *pólis:* pues si el tablero simboliza todo el territorio físico donde habita la comunidad, no aparece una zona vacía, específica para el ágora. Aquí lo que ocurriría, en este tablero vacío, es que el ágora se habría expandido y ocupado todo el espacio. Y precisamente esto es lo ocurre en la comunidad primitiva, que el ágora es *todo* el tablero, pues este da cuenta de un campo de resonancia (de la Ley, palabra del jefe). Ahora bien, el perímetro del tablero, el contorno, ha de entenderse como límite dinámico, jamás fijo, determinado de una vez por todas. Este tablero entonces debería poseer una forma de mancha difusa, no de cuadrilátero u otros similares.

Sobre este tablero, territorio habitado por la comunidad, la realidad se comprende como un juego inherentemente conflictivo (efecto de la guerra abismal primigenia), se pierde y se gana, se debate, se llegan a acuerdos o no, pero *jamás* se puede impedir a los habitantes no poder volver a jugar *mientras* respeten la regla de oro (no imponer, no obedecer). «La *pólis* es [...] *el escenario de un juego. ¿Qué juego?* El juego de la guerra».[192] McLuhan muestra un buen ejemplo de imbricación entre juego y guerra: algunas tribus de Nueva Guinea «luchan porque disfrutan de ello con entusiasmo; porque para ellos es una función vital del hombre completo»,[193] así que quedan para hacer la guerra, es decir, juegan a la guerra, aunque «estas reyertas parecen más bien un deporte peligroso que una guerra de verdad».[194]

No hemos de olvidar por tanto la matriz-guerra:[195] cualquier política procede de *lo político,* recordemos, la conexión virtual-actual. «La guerra es el motor de las instituciones y el orden: la paz hace sordamente la guerra hasta en el más mínimo

---

[192] EZQUERRA GÓMEZ, Jesús, *Pólis y caos. Reflexiones sobre el principio de la política, op. cit.,* p. 88.

[193] McLUHAN, Marshall, *Comprender los medios de comunicación. Las extensiones del ser humano, op. cit.,* p. 255).

[194] *Id.*

[195] «Hay que reencontrar la guerra [...] porque [...] es una guerra [...] permanente» (FOUCAULT, Michel, *Hay que defender la sociedad, op. cit.,* p. 50).

de sus engranajes».[196] En este sentido, se ha de tener cuidado con no *ensordecer* o acallar el ruido de fondo, esto es, la voz del jefe (Ley) ha de seguir resonando. La paz (de Estado) silencia la Guerra (primigenia, que escribimos con mayúscula). Del mismo modo: la guerra (de Estado) silencia la Guerra. Siempre que exista Estado la Guerra (primigenia), es pacificada, esto es, silenciada, borrada del mapa. El juego de las políticas comunitarias y democráticas sólo posee una regla fundamental: se ha de jugar sobre el mismo tablero para todos, el *tablero-Guerra*. Ninguna pieza puede construir su propio tablero y obligar a otros a jugar en ese terreno: ello implicaría la estratificación, la jerarquía... el Estado. Comprobamos la verticalidad: este tablero se coloca sobre el tablero primigenio ocultándolo.[197] El Estado pisotea la Guerra: es un tablero que no deja jugar a todos sino sólo a los que le pertenecen, a sus ciudadanos súbditos que creen vivir en paz (o en guerra, poco importa eso) en su cercado.

Sobre el tablero-Guerra, o, mejor dicho, *con* el tablero-Guerra, las piezas construirán sus reglas. Las piezas no son codificadas de antemano sino que se van haciendo al jugar.[198] Además, los jugadores siempre pueden salirse del tablero, son libres de dejar el juego cuando quieran, pues la comunidad no encierra a nadie. Ahora bien, situarse en el tablero supone aceptar la máxima de que nadie puede construir su propio tablero, he aquí el *dictum* de la horizontalidad. Ninguna pieza puede mermar el potencial de juego de los otros, es decir, ninguna pieza puede trocar Poder: para que el juego se siga jugando, el tablero debe ejecutar la vida, desplegar la potencia de la multitud,[199] es decir, aquello que los participantes deseen y convengan, aquellas políticas que construyan. De nuevo, no hay límites de contenido en este plano, sólo límites formales.

Detengámonos en la ontología bifaz de este tablero-Guerra. Señalemos la parte de abajo como la vida, lo político, lo virtual; y la parte de arriba en tanto expresión vital, las políticas, lo actual. Sin embargo, sabemos que las políticas pueden ser

---

[196] *Id*. En palabras de Clastres: «la máquina de guerra es el motor de la máquina social» (CLASTRES, Pierre, *Arqueología de la violencia. La guerra en las sociedades primitivas, op. cit.*, p. 99)

[197] Recuérdense los estratos (una suerte de tableros) deleuzianos en los procesos de sujeción que hemos estudiado con anterioridad.

[198] «Deben ser los propios jugadores quienes hagan los regalos, *no* han de ser prefabricados» (BEY, Hakim, *T.A.Z., op. cit.*, p. 232). Cambiemos en la anterior frase *regalos* por *reglas* y ¡voilà!

[199] SPINOZA, Baruch, *Tratado teológico-político*, Atilano Domínguez (trad.), Madrid, Alianza, 2014. He ahí el sentido que formulan Hardt y Negri: «En la medida en que la multitud no es una identidad (como lo es el pueblo) ni una uniformidad (como lo son las masas), sus diferencias internas deben descubrir lo común que les permite comunicarse y actuar conjuntamente» (HARDT, Michael y NEGRI, Antonio, *Multitud: guerra y democracia en la era del Imperio*, José Antonio Bravo (trad.), Barcelona, Debate, 2004, p. 9), citado en: LAVAL, Christian y DARDOT, Pierre, *Común. Ensayo sobre la revolución en el s. XXI, op. cit.*, p. 219. Este es también el *deseo* que trabaja Juan Manuel Aragüés en: ARAGÜÉS, Juan Manuel, *Deseo de multitud. Diferencia, antagonismo y política materialista, op. cit.*

horizontales o verticales. Nos alertaba Foucault: «una estructura binaria atraviesa la sociedad»,[200] al igual que Deleuze,[201] evitamos el número tres de la dialéctica que cierra (tri-angulación) un espacio codificando «la guerra y los enfrentamientos en una lógica o una presunta lógica de la contradicción».[202] Esta contradicción ya no habla de la Guerra primigenia sino que produce un tablero sobre el tablero primigenio instituyendo esta nueva lógica. Esto es lo que Deleuze y Guattari entienden como sobrecodificar: «el significante déspota tiene como efecto sobrecodificar la cadena territorial».[203] Desde nuestro juego: un tablero se coloca sobre el otro: el Estado oculta el tablero-Guerra.

Así que, rechazando ese número tres reductor y negativo, tenemos el número dos *dos* veces: por un lado, con lo virtual y lo actual, con las dos caras del tablero (virtual y actual); por otro, con lo democrático y lo autoritario, situados en la cara actual (arriba) del tablero. Las políticas democráticas perpetúan la horizontalidad, digamos que hacen latir la vida; las autoritarias son verticales, como se aprecia en la gráfica de abajo. Pero por mucho que el Poder apile tableros y más tableros sobre el tablero-Guerra, siempre estará conectado a lo virtual, pues parte del mismo espacio abierto (ese *entre* arendtiano) que las otras políticas horizontales.

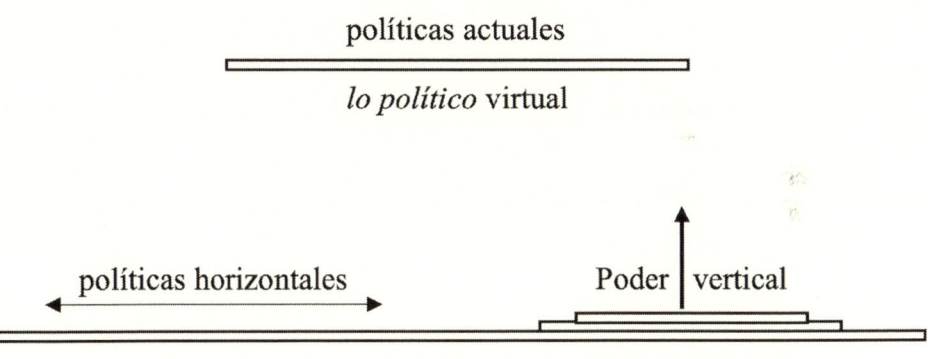

políticas actuales

lo político virtual

políticas horizontales

Poder | vertical

lo político virtual

Gráfico 9

---

[200] FOUCAULT, Michel, *Hay que defender la sociedad*, op. cit., p. 50.

[201] «Lo que yo más detestaba era el hegelianismo y la dialéctica» (DELEUZE, Gilles, *Conversaciones*, op. cit., p. 13).

[202] FOUCAULT, Michel, *Hay que defender la sociedad*, op. cit., p. 56.

[203] DELEUZE, Gilles y GUATTARI, Felix, *El AntiEdipo*, op. cit., p. 216.

Al eyectarse, el Poder forma amos y súbditos, en adelante sus habitantes, participantes de *sus* políticas. Cuanto más totalitario, más vertical, más se alimenta de carroña, pues la vida queda lejos, curiosamente, en las capas más bajas, en los estratos inferiores. Pero, a su vez, cuanto más sube, más peligrosa es su supervivencia, pues se dedica a sobre-sobre-sobre-vivir,[204] es decir, apilar tableros y tableros ocultando la vida (*lo político* virtual). Políticas mortíferas: hechas de muerte, productoras de muerte, necropolítica,[205] diciéndolo con Mbembe. La Luz del Poder ciega, hipnotiza, atrae, somete... su función es: «vincular y deslumbrar, subyugar destacando obligaciones e intensificando el brillo de la fuerza».[206] *Fuerza* a la que aquí llamamos violencia, aunque suene paradójico: la violencia de la pacificación (autoritaria) que obvia la Guerra abismal. Vínculo y deslumbramiento o, lo que es similar, vínculo y sometimiento. Los amos y los súbditos se vinculan entre sí generando relaciones de sumisión. Y a este sometimiento, curiosamente, Foucault lo llama *soberanía*: «la soberanía tiene una función particular: no vincula, sojuzga».[207] Esta concepción de soberanía no es otra cosa que el tablero (el sustento) que se coloca sobre el tablero-Guerra (vida), el plano donde se instituye el Poder. Pero lo que sostiene este ya no es *la vida* (indeterminada fuente de determinación) sino las vidas concretas de aquellos que serán sus súbditos, de ahí que las necesite, pues si mueren, el Poder se derrumbaría:

> el poder interviene sobre todo en ese nivel para realzar la vida, controlar sus accidentes, sus riesgos, sus deficiencias, entonces la muerte, como final de la vida, es evidentemente el término, el límite, el extremo del poder.[208]

Cuando se dice (demasiado a la ligera) que la soberanía reside en el pueblo tratando de hacer creer a la gente que realmente tiene el poder, esto es, el poder de participar en la construcción de las políticas, quizá se pase por alto el *tablero* sobre el que se está elevando *ese* pueblo soberano. No, la soberanía no procede de ningún pueblo sino de la Guerra, como advirtiera Heráclito[209] hace más de dos milenios. De forma similar, en tanto dimensión abismal, la entiende Georges Bataille: «la soberanía de la que hablo tiene poca cosa que ver con la de los Estados, la definida

---

[204] «Los Estados se jactan de su permanencia [...] Lo que significan es *muerte*» (BEY, Hakim, *T.A.Z.*, *op. cit.*, p. 175).

[205] MBEMBE, Achille, *Necropolítica*, Elisabeth Falomir (trad.), Santa Cruz de Tenerife, Melusina, 2011.

[206] FOUCAULT, Michel, *Hay que defender la sociedad*, op. cit., p. 63.

[207] *Ibidem*, p. 65.

[208] FOUCAULT, Michel, *Hay que defender la sociedad*, op. cit., p. 212.

[209] «Desde Heráclito, la idea de que se puede estar unidos, no por la homogeneidad, sino en la distinción y en la diversidad, forma parte de la tradición que Occidente ha producido, pero nunca llevado a la práctica» (ESPOSITO, Roberto, *Comunidad, inmunidad y biopolítica, op. cit.*, p. 120)

por el derecho internacional».[210] Rechaza, por tanto, relacionar la soberanía con cualquier atisbo de utilidad, servilismo, instrumentalización: «no debería existir *medio* por el cual un hombre pudiera *convertirse* en soberano».[211] La otra soberanía (la de corte estatal) es un subterfugio para no afrontar la realidad: que la Guerra es la madre, que el conflicto es ineluctable, que lo virtual late con lo actual. Aquel vincular *para* pacificar del Poder es, por ende, antagonista del vincular-y-luchar de los campos de dispersión.

---

[210] BATAILLE, Georges, *La soberanía*, Isidro Herrera (trad.), Madrid, Arena Libros, 2021, p. 15.
[211] *Ibidem*, p. 42.

EL PROCESO DE OXIDACIÓN:
LA POTENCIA SUBVERSIVA

Una vez levantado el tablero-fundamento del Estado, destruidos sus cimientos, resulta indispensable hoy en día precisar a qué nos referimos cuando hablamos de Guerra. Las guerras, al uso, como por ejemplo las Guerras Mundiales, la de Ucrania, la de Vietnam… son políticas (actuales[212]), son siempre *una* guerra u otra. En cambio, *la* Guerra es *lo político*, la dimensión virtual. Aquellas son determinaciones de esta. Escuchemos al poeta *maldito* Charles Bukowski cuan lúcidamente explica lo que venimos desarrollando hasta aquí. «Bueno, voy a entrar en materia e intentar explicarte por qué tengo esa visión y por qué es tan difícil poner fin a la *guerra*. Se trata fundamentalmente de la cara oxidada de la moneda».[213] Curiosa forma de llamar al tablero que instituye algún Poder: *cara oxidada* de la moneda. Mucho más poético, sin duda. Prosigamos:

> La gente no sabe lo que es la paz porque la gente (la mayoría de la gente) nunca ha tenido *paz* en tiempos de supuesta *paz*. Descífralo tú mismo. Fíjate en un crío, un niño. En cuanto aprende a andar medianamente bien, lo meten en un colegio mientras tiene el cerebro todavía tierno y *se le meten en la cabeza*: le dicen que *su país es el país*. [Finalmente] está, francamente, fuera del área de la paz por completo: su lealtad ha sido confirmada y tiene el espíritu encarrilado donde se supone que debe dirigirse.[214]

Esa paz proviene de un mandato. Los ciudadanos creen abrazar la paz pero se trata más bien de un sudario que los envuelve. Al igual que esa paz, el *país* al

---

[212] Recordemos que actuales no significa aquí 'contemporáneas' o 'presentes' sino *realizaciones, actualizaciones* de lo virtual.

[213] BUKOWKSI, Charles, *Ausencia del héroe. Relatos y ensayos inéditos (1946-1992)*, Eduardo Iriarte (trad.), Barcelona, Anagrama, 2012, pp. 66.

[214] *Ibidem*, pp. 66-67.

que se refiere Bukowski es un tablero, otra *cara oxidada* de la moneda. Podemos comprender este proceso de oxidación situándolo en nuestro mapa conceptual: cuando se coloca *un* tablero (ciertas políticas autoritarias) sobre *el* tablero (de *lo político*, tablero-Guerra), la zona que ocupa aquel asfixia, aplasta la vida. Ahí aparece el óxido. Véase:

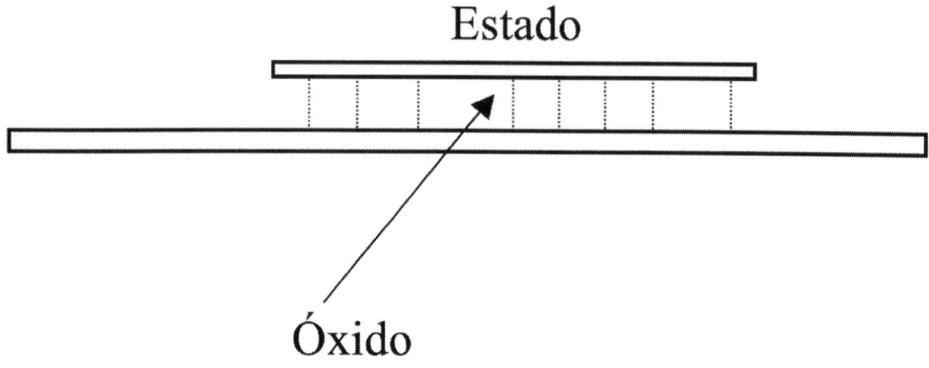

Gráfico 10

Si levantamos el tablero de arriba, el que instituye algún Poder (al que, con Clastres, llamamos genéricamente Estado), comprobamos esa zona oxidada que aparece señalada con la flecha. Todo proceso de oxidación comporta reducción. La oxidación aparece porque el Estado reduce su conexión con la vida al instaurar un tablero que lo separa de lo virtual. Se aleja, se separa de la vida. Así que, siguiendo con la analogía oxígeno-vida, lo que se reduce en el Estado es, en definitiva, la vida, su potencial vital. Ello provoca la oxidación en esa zona bajo el tablero. Paradoja: el Poder sólo es posible gracias a una reducción de *su* potencia, luego su esencia es la negatividad. Se trata del mismo proceso que nos explicaban Ilya Prigogine e Isabel Stengers,[215] los sistemas caóticos generan orden y viceversa. Por ende, el sistema Estado, en su afán de ordenación (más o menos) exhaustiva, produce abundante caos. He ahí el exceso de vida que los ciudadanos no utilizan porque se conforman con el modelo de vivir normalizado. Pero el óxido que no se ve a simple vista ya que los ciudadanos del Estado habitan sobre la cara superior del tablero (véase arriba, gráfico 10) que apare-

---

[215] «La intensificación de las relaciones sociales que favorece la vida urbana, por ejemplo, ¿no ha sido a la vez fuente de desechos, de polución, y de invenciones prácticas, artísticas e intelectuales?» (PRIGOGINE, Ilya y STENGERS, Isabelle, *Entre el tiempo y la eternidad, op. cit.*, p. 58).

cerá deslumbrante, asfaltada, impoluta, pues ejerce de fundamento soberano. Así que se ha de realizar un ejercicio crítico suficientemente potente como para remover los obstáculos (más o menos pesados) que separan al Estado de *la* vida, de *la* Guerra, en una palabra: levantar ese tablero donde descansa el Poder. Una vez descubren el espacio reducido en que son obligados a jugar, es decir, una vez se dan cuenta de que el tablero era mucho más amplio de lo que pensaban, los súbditos podrán reparar en su alienación.

Continúa Bukowski:

> Nunca han dado la menor oportunidad [...] Si le preguntas al hombre de a pie: «¿Quieres *guerra* o *paz*?», seguro que te dice: «Quiero la *paz*, claro. La guerra es una estupidez». *Dice que quiere la paz pero no sabe lo que es la paz. No la ha tenido nunca.*[216]

Esta paz de la que nos habla es por consiguiente una paz no-estatal, producida en el libre juego de las políticas democráticas horizontales, sobre el tablero primigenio. En conclusión:

> La única respuesta es la disgregación de nuestros conceptos educativos normales respecto de la educación hacia un ámbito más amplio que excluya *menos* y ofrezca más opciones... de dioses, líderes, países..., música, amores, deportes, hilaridad, bebidas, licores, recitales...; a lo que me refiero es al mar lamiéndonos los tobillos y con nosotros [...] y pensar en otras cosas [...] y tal vez comprendamos que cosas como el *honor* y el *país* no tiene la menor importancia, himnos lóbregos en una capilla vacía.[217]

La literatura bukowskiana es, también, S[218]alvaje. Sin filtros, delegados o representantes. Acción directa. Diciéndolo con Deleuze-Guattari,[219] su máquina de escribir es una máquina de guerra contra el aparato de captura estatal. Máquina de guerra (*animal* deleuziano) que, por cierto, es «irreductible al aparato de Estado, exterior a su soberanía,[220] previa a su derecho: tiene otro origen».[221] Como lo virtual y la diferencia, no se acomoda, no se subsume a un marco establecido, y por ello hace peligrar el orden impuesto: «irrupción de lo efímero y

---

[216] *Ibidem*, p. 68.

[217] *Ibidem*, pp. 69-70.

[218] Con esa, aunque minoritaria, intensamente subversiva S que le planta cara de tú a tú a la mayestática P del Poder.

[219] Deleuze, Gilles y Guattari, Felix, *Mil mesetas, op. cit.*, pp. 359-483.

[220] «El Estado es la soberanía. Pero la soberanía sólo reina sobre aquello que es capaz de interiorizar, de apropiarse localmente» (Deleuze, Gilles y Guattari, Felix, *Mil mesetas, op. cit., Ibidem*, p. 367).

[221] *Ibidem*, p. 360.

potencia de la metamorfosis».[222] Habla en otro idioma, tartamudea, balbucea (es bárbara), desoye las reglas del juego. Crea, genera políticas *otras*. En un amplio sentido, el Estado posee numerosas caras (como, por ejemplo, sobre el ámbito de la literatura en que enmarcamos a Bukowski, el exacerbado interés económico de algunas editoriales), y muchas de ellas, lo sabemos de sobra, deslumbrantes, espectaculares... como ya advirtiera Debord[223] hace ya más de medio siglo. Las máquinas de guerra son las piezas que habitan el tablero-Guerra, que juegan con él, realizando dos funciones básicas:

a. destrucción de los Poderes (véase abajo, gráfico 11): es decir, tambalean sus cimientos al levantar sus tableros y hacen caer al suelo sus Instituciones (por su propio peso, esto es, por tratar de ser ingrávidas-celestiales-ideales cual Torre de Babel que ansía llegar a lo más alto para acercarse a Dios) disolviéndolas en la superficie (material-terrestre) del tablero primigenio.

Gráfico 11

b. absorción y repartición del óxido (véase abajo, gráfico 12): las máquinas de guerra absorben el óxido, ese exceso vital acumulado en la zona donde se situaba el tablero del Poder para repartirlo por la superficie, *horizontalizando* así los restos del Sistema derribado, diluyendo asimismo su tablero en el tablero primigenio o tablero-Guerra.

---

[222] *Id.*

[223] Publicado en 1967: DEBORD, Guy, *La sociedad del espectáculo*, José Luis Pardo (trad.), Valencia, Pre-Textos, 2012. Curiosamente, como afirma Giorgio Agamben, este libro «comienza con la palabra 'vida' [...] y no cesa a lo largo de su análisis de implicar a la vida» (AGAMBEN, Giorgio, *El uso de los cuerpos. Homo Sacer IV, 2, op. cit.*, p. 18). En suma, el espectáculo menoscaba el potencial vital de aquellos seres que aliena y alinea (en su bando, bajo su jerarquía).

Gráfico 12

El óxido procede tanto del Poder como de la indiferencia nihilista, esto es, el amo y el esclavo. El Amo absorbe el potencial de sus súbditos, que son reducidos, oxidando aquel. Pero la dependencia de este sobre los súbditos comporta, a su vez, su propia reducción y la oxidación de estos. [224] El caos, como afirmaba Hakim Bey en un sentido nietzscheano, no es eliminable. El óxido es un excedente de caos que genera todo Estado, de ahí que siempre necesite estar controlando y vigilando a los esclavos porque *podrían* desobedecer. Estos sólo tienen que transformarse en máquinas de guerra para absorber el óxido incrementado así su potencial para luchar a la contra. El conflicto oxidación-reducción es un claro ejemplo de proceso *no dialéctico*, por lo menos en el sentido hegeliano que critica Deleuze, [225] en torno a la subsunción e integración de unos estadios en otros donde la negatividad es el factor protagonista. Aquí ocurre al contrario: incluso la reducción del potencial del esclavo, cuando se somete al (o es sometido por el) Amo, produce positividad, fuerza, óxido.

Para terminar este capítulo, retornemos un momento a la imagen de la última cita de Bukowski. Resulta harto ilustrativa, decía, ofreciendo una propuesta para convertir el mundo en un lugar menos asfixiante: *el mar lamién-*

---

[224] Veamos a Elon Musk, propietario de la red social X (Twitter). Él, en calidad de Amo, necesita que la gente use su herramienta (para ganar dinero, para incrementar su prestigio, para moldear la opinión pública, etc...). Depende de los usuarios, en calidad de esclavos. Comprobamos que la vigencia de la red social pero a su vez la supervivencia del Amo depende de los esclavos, pues si estos no usasen la herramienta, su Poder, a este respecto, se disolvería. El Amo genera óxido en los súbditos: estos, por ejemplo pueden *hackear* la red social; los súbditos generan óxido en el Amo: este, entre otras cosas, podría cerrar la red social y transformar su *modus vivendi*.

[225] «Por ejemplo Hegel, ese débil. Cuando Hegel dice contra Spinoza: "¡Ah! Ese nunca ha comprendido nada del trabajo de lo negativo", es perfecto, el trabajo de lo negativo es mierda» (DELEUZE, Gilles, *Derrames. Entre el capitalismo y la esquizofrenia, op. cit.*, p. 289). No obstante, existes otras lecturas al respecto (como la de Bataille y Jesús Ezquerra, entre otros) que conducen al encuentro con el abismo: Hegel muestra la muerte de Dios, del Sistema, señalando un afuera desconocido en el que hemos de adentrarnos. Véase: EZQUERRA GÓMEZ, Jesús, *El espejo de Dioniso. La ateología hegeliana*. Madrid, Biblioteca Nueva, 2017.

donos los tobillos. Aquí aparece, por un lado, un *nosotros* (lamiéndo-*nos*) y, por otro, el mar. Veamos en ese *nosotros* a las máquinas de guerra, y el mar como el caos, la vida:

Gráfico 13

He aquí (arriba, gráfico 13) máquinas de guerra pisando el tablero primigenio, atravesándolo (agujereándolo) incluso, para conectar abiertamente con el caos (vida), ojo avizor ante cualquier construcción vertical, introduciendo los pies hasta los tobillos, que serán *lamidos* por el mar, en palabras de Bukowski. (In)cierta erótica de la potencia horizontal contra la pornografía idiota del Poder. Recuperemos la farsa de Aquiles, mítico guerrero al que su madre Tetis baña en la laguna Estigia sumergiéndole hasta los tobillos (pues de ahí le tenía asido) para conferirle la inmortalidad divina. Al fin y al cabo, una quimera, ideal alejado del sentido de la tierra nietzscheano. El *ego* de Aquiles erige un tablero, como lo hace la autoridad de Agamenón y tantos otros en ese contexto. Pero todo tablero se apoya sobre la vida (tablero-Guerra), es decir, todos tenemos los pies dentro del mar: todos somos ciertas organizaciones del caos. Ningún Poder está completamente a salvo. La muerte de Aquiles da cuenta de ello: la imposibilidad de la inmortalidad, de cualquier trascendencia absoluta. No hay laguna Estigia sino que más bien todos estamos sumergidos por completo en la laguna-Guerra. Parafraseando a Deleuze: lo inmortal es la vida, no los organismos. Ontológicamente, Aquiles es tan organismo como la flecha que se clavó en su talón. Su muerte implicó una oxidación del ejército troyano y la consiguiente reducción del potencial aqueo. Habrá paz, quizá, pero jamás tregua.

CONTRA EL MODELO: COMUNICACIÓN Y MODULACIÓN

En la línea de las intenciones anti-dogmáticas de Hakim Bey,[226] más cercano a las sociedades primitivas que a las *póleis*, todo *campo de dispersión* es un espacio de *resonancia*. La palabra del jefe indio, recordemos, ampliaba o expandía el ágora, incluyendo así, en sí, la muralla. Esta se comprende ahora como los límites hasta los que llega la palabra del jefe, esto es, la Ley del *no impondrás ni obedecerás*. La comunidad es, por ende, cierto *espacio* comunitario. Sin embargo, hemos de tener cuidado con esa *resonancia*, concepto abstracto que se ha de concretar en políticas efectivas democráticas. Pero, ¿cómo, cuando el carácter democrático está siendo mancillado continuamente?[227] En su crítica al paradigma neoliberal individualista, Hartmut Rosa trabaja la resonancia como antagonista de la alienación.[228] De acuerdo con nuestro discurso, la resonancia comportaría relaciones políticas horizontales frente a las jerarquías implícitas que operan en los procesos de alienación. Desde el bioPoder, este último concepto funciona como un agente reductor o inhibidor de la resonancia: encierra a los sujetos para que no puedan comunicarse abiertamente con otros. La comunicación horizontal en este caso se interrumpe y aparecen estructuras verticales (representantes, delegados) que imponen sus propios circuitos. Así, cuando un individuo quiere contactar con otro, deberá usar cierto medio, canal o herramienta generados para *ese* fin. La alienación,

---

[226] «No tenemos el menor deseo de definir la T.A.Z. o de elaborar dogmas acerca de cómo *deba* crearse» (Bey, Hakim Bey, *T.A.Z.*, *op. cit.*, p. 119). T.A.Z. es una forma comunitaria, similar a las *póleis* y a las sociedades primitivas. Aquí llevamos a cabo un análisis de esta propuesta: < https://zaguan.unizar.es/record/132340?ln=es >. (pp. 291-303).

[227] De hecho, sobre la cuestión de la resonancia trabajada en un libro anterior, en una entrevista, Harmut Rosa afirma que para superar al capitalismo «quizá necesitemos una revolución musical» (Rosa, Hartmut, *¡Aceleremos la resonancia!*, Cristopher Morales (trad.), Barcelona, NED, 2023, p. 60).

[228] Rosa, Hartmut, *Resonancia*, Alexis E. Gros (trad.), Madrid, Katz, 2020, p. 572.

desde este ámbito de la comunicación, acontece cuando se instituye un plano de superioridad sobre el usuario, es decir, este ya no participa en la construcción del medio, simplemente se limita a usarlo.[229] He aquí la vinculación con la conocida tesis de McLuhan de que *el medio es el mensaje*:

> En este sentido, es revelador el ejemplo de la luz eléctrica. La luz eléctrica es información pura. Es un medio sin mensaje, por decirlo así, a menos que se emplee para difundir un anuncio verbal o un nombre. Este hecho, característico de todos los medios, implica que el 'contenido' de todo medio es otro medio [...] Poco importa que se utilice [la luz eléctrica] para alumbrar una intervención quirúrgica o un partido de béisbol. Podría argüirse que estas actividades son el 'contenido' de la luz eléctrica, ya que no pueden existir sin ésta. Esta circunstancia no hace sino recalcar el hecho de que 'el medio es el mensaje' porque es el medio el que *modela y controla* la escala y forma de las asociaciones [...].[230]

Esta última línea es clave (la cursiva es nuestra): el medio *modela* y *controla*. Mas este *modelar* resulta ambiguo. ¿A qué se refiere? Examinemos, al respecto, los términos *moldear* y *modular*. Existe una diferencia relevante entre ambas acciones: «moldear es modular de manera definitiva; modular es moldear de manera continua y perpetuamente variable».[231] Por un lado, si el medio *moldea*, entonces canaliza, encierra un contexto de comunicación, rechazando la producción diferencial. Pero por otro, si el medio *modula*, permanece abierto, no clausura un espacio comunicativo. Tanto el ágora como la palabra del jefe indio son medios *modulares* (resonantes); mas el trono de un rey, por ejemplo, es un medio-*molde* (alienante). Sobre el análisis de la obra pictórica de Magritte, análoga es la explicación que nos brinda Michel Foucault en torno a lo semejante y lo similar:

> La semejanza tiene un 'patrón': elemento original que ordena y jerarquiza a partir de sí todas las copias cada vez más débiles que se pueden hacer de él. Parecerse, asemejarse, supone una referencia primera que prescribe y clasifica. Lo similar se desarrolla en series que no poseen ni comienzo ni fin, que uno puede recorrer en un sentido o en otro, que no obedecen a ninguna jerarquía, sino que se propagan de pequeñas diferencias en pequeñas diferencias. La semejanza sirve la representación, que reina sobre ella; la similitud sirve a la repetición que

---

[229] Léase el estudio en clave política de las cajas negras en el apartado Campos de dispersión (VII). *Cajanegrización.*

[230] McLuhan, Marshall, *Comprender los medios de comunicación. Las extensiones del ser humano, op. cit.*, p. 30.

[231] Simondon, Gilbert, *La individuación a la luz de las nociones de forma y de información*, Pablo Ires (trad.), Buenos Aires, Cactus, 2019, p. 39. Esta misma cita aparece en: Deleuze, Gilles, *El pliegue. Leibniz y el barroco*, José Vázquez (trad.), Barcelona, Paidós, 1989, p. 30.

corre a través de ella. Semejanza se ordena en modelo al que está encargada de acompañar y dar a conocer; similitud hace circular el simulacro como relación indefinida irreversible de lo similar con lo similar.[232]

El paradigma molde-semejanza proviene de una filosofía esencialista: parte de un principio, arquetipo perfecto y, después, en otro plano inferior, sitúa las copias de aquel, que son *semejantes* al modelo. En cambio, en el paradigma modulación-similitud no existe un molde previo: que las cosas se parezcan unas a otras no significa que exista un modelo originario con quien debamos compararlas y juzgarlas al respecto. Estas cosas serán *similares*, no semejantes.

Volviendo a los medios de comunicación en tanto agentes políticos, *similar* al ejemplo de McLuhan, imaginemos una carretera: por ella podrán transitar muchos tipos de vehículos y estos a su vez transportar muy diversos materiales, pero la carretera impone ciertas limitaciones dada su forma (sus dimensiones específicas, número de carriles, separación, tipos de curvas, material del suelo...). El medio es el mensaje porque el medio también (in)forma, esto es, tiñe con *su* forma[233] aquella información que transporta.[234] Aplicando este problema a nuestro estudio: el medio por el cual habla el jefe indio *no* debe limitar la aparición de otros medios de comunicación. En la sociedad primitiva de Clastres, el medio por el cual fluye la Ley, la palabra del jefe indio, en ningún momento ha de silenciar las voces de los habitantes de la comunidad. Se trata, como decíamos, de un ruido de fondo, por ende, la Ley no es una señal ni tampoco produce señales. Ahora bien, obviamente el leve susurro del jefe usa un medio, el aire, por donde se propagan las vibraciones sonoras procedentes de su aparato fonador. Es este un medio-modular, no un medio-molde. Retomando el ejemplo de McLuhan, la voz del jefe es como la luz eléctrica, *información pura, medio sin mensaje*. Pero nos advertía McLuhan, cuidado, porque todo medio *modela* y *controla*, incluido el medio por el que no transita ningún mensaje. ¿Qué modela y controla la Ley del jefe indio? Lo sabemos ya de sobra: prohíbe el silenciamiento del ruido de fondo para que no se instituyan autoridades. Al igual sucede con el ágora: otro medio sin mensaje o, en otras palabras, ruido sin señales, puro ruido de fondo, que funciona en el mismo sentido que la palabra del jefe indio.

---

[232] FOUCAULT, Michel, *Esto no es una pipa. Ensayo sobre Magritte*, Francisco Monge y Joaquín Jordá (trad.), Barcelona, Anagrama, 2021, pp. 64.65.

[233] Esto es harto evidente en algunas redes sociales que limitan la escritura de cada *post* a un cierto número de caracteres. Se podrán decir muchas y muy diversas cosas, pero siempre *respetando* el filtro pre-establecido.

[234] Al hilo, Deleuze-Guattari citan a Virilio: «el poder político del Estado es *polis*, policía, es decir, red de comunicación» (DELEUZE, Gilles y GUATTARI, Felix, *Mil mesetas, op. cit.*, p. 389).

Recapitulando, el proceso de comunicación en el campo de dispersión presenta estas tres características principales:

a. libre creación de medios-modulares o contextos (en abierto) en los que se produce la comunicación o participación activas.

b. libre participación en los medios-modulares: todo habitante puede participar en todo momento en cualquier medio sin ningún tipo de requerimiento previo.

c. prohibición de canales: el canal (o medio-molde) cierra alguna sección de algún medio-modular (público) y establece un circuito cerrado dando lugar a accesos privados y exclusivos a cierta información, lo cual degenera en autoridad. Asimismo, una proliferación de canales podría anular el medio.

Véase un ejemplo al respecto del último punto. Como es sabido, las ondas de radio posibilitan la comunicación en cierto espectro de frecuencias de la luz. En el caso de la radio *clásica*, sintonizas cierto canal y escuchas. Cambias el dial y escuchas otro canal. Puedes elegir qué canal escuchar, pero no tienes *prima facie* acceso inmediato para intervenir, para participar de aquellos actos comunicativos que se están produciendo en ese instante. Evidentemente, dentro de este abanico de emisoras, existen enormes diferencias: algunas evitan la publicidad y funcionan más bien cooperativamente, otras, las conocidas como *radio-fórmulas*, se ciñen a la lógica del capital. Un contraejemplo sería el modo *walkie talkie*. Aquí, el acceso e ingreso no está mediado, al sintonizar una emisora ya puedes hablar directamente, participar,[235] no recibes la información de un modo jerárquico, de arriba abajo, donde sólo puedes escuchar lo que se dice, sino que tienes la opción de replicar y participar en igualdad de condiciones que el resto. Diríamos que este modo comunicacional es modular, medio múltiple, no medio canalizado. En suma, en torno a las diferentes políticas (comunitarias o jerárquicas), prosiguiendo con McLuhan, existen dos grandes modos comunicacionales o tipos de medios:

> El medio caliente es aquel que extiende, en 'alta definición', un único sentido. La alta definición es una manera de ser, rebosante de información. Una fotografía es, visualmente, de alta definición [...] El teléfono es un medio frío, o de baja definición, porque el oído sólo recibe una pequeña cantidad de información. El habla es un medio frío de baja definición por lo poco que da y por lo mucho que debe completar el oyente. Un medio caliente, en cambio, no deja que su público lo complete tanto. Así pues los medios calientes son bajos en participación, y los fríos, altos en participación o compleción por parte del público.[236]

---

[235] En este caso, «la radio no es solamente un poderoso despertador de recuerdos, fuerzas y animosidades arcaicos, sino también una fuerza descentralizadora y pluralista» (McLuhan, Marshall, *Comprender los medios de comunicación. Las extensiones del ser humano*, op. cit., p. 313).

[236] McLuhan, Marshall, *Comprender los medios de comunicación...*, op. cit., p. 43-44.

En los medios *calientes*,[237] lo que venimos llamando *medios-molde*, canales, medios privativos y jerárquicos, el flujo de información adviene *desde arriba*, los usuarios lo reciben de forma pasiva, situados en un plano inferior. El grado de calor es inversamente proporcional al de participación de los usuarios. Un medio muy caliente sobre-informa, genera estados de aturdimiento, pues los usuarios no son capaces de absorber tanta información y su participación se ve reducida al máximo: quedan en silencio, hipnotizados, idiotizados, alienados. Al contrario, en los medios *fríos*, *medios-modulares*, la participación es mucho mayor, pues el flujo de información no colma el medio, deja espacio.[238] Cuanto más frío es el medio, más democrático podrá devenir.[239] Tanto la gélida voz del jefe indio como el ágora helada de la *pólis* no emiten información sino que invitan a la participación, clave esta para generar el *calor* de las señales, de las políticas comunitarias, siempre un calor prudente que respete el medio, que no menoscabe el frío ruido de *lo político*.

Añadamos otro ejemplo sobre el que aplicar este mapa conceptual: la votación en el sufragio *universal*. En este caso la participación política se encuentra mediatizada (reducida) por el empleo del canal (caliente) *sistema-voto*. El votante no es, pues, aquel ciudadano que escoge un voto libremente y lo deposita en la urna sino más bien a la inversa: es el voto quien toma al ciudadano y lo inserta en la (ardiente) urna *funeraria*, al hilo de la crítica necropolítica, dado que el sistema-voto merma la potencia vital del sujeto que ya no puede elegir cómo elegir y qué elegir y a quién elegir o no elegir... sino simplemente escoger en un catálogo cerrado, como sintonizar una emisora de radio/canal de televisión y escuchar/ ver lo que emiten.

Sobre la base de la concepción del proceso de comunicación como sinónimo del proceso de construcción de las políticas, imaginemos ahora un amplio espectro de frecuencias. A través de cierto medio se emite un anuncio que nos invita a comprar algún producto, una colonia, por ejemplo. En otro, aparece un mensaje subversivo, por ejemplo, un llamamiento a la desobediencia civil en un determinado contexto. Ambos mensajes resuenan en diferentes medios, segu-

---

[237] La radio es un medio caliente: «para los pueblos tribales, para aquellos cuya vida social entera es una extensión de la vida familiar, la radio seguirá siendo una experiencia violenta» (*Ibidem*, p. 308). «El mensaje de la radio es de implosión y resonancia violentas y unificadas» (*Ibidem*, p. 309).

[238] De hecho, la aparición de luz se debe a que los fotones pudieron escapar de aquella densa sopa que concentraba todo el universo oscuro inicial, y ello sucedió cuando *descendieron las temperaturas*. En este sentido, el enfriamiento produce una descompresión, un espacio entre las partículas que ya es un espacio político, un *entre* arendtiano.

[239] No obstante, el objetivo no es el cero absoluto, el frío máximo, pues en ese estado la realidad se congela imposibilitando toda acción, toda participación. Volveremos a este punto más adelante.

ramente la colonia aparecerá en un mayor número de canales o en una banda mucho más ancha de frecuencias que la otra convocatoria. Resulta indispensable entonces, al menos, otro concepto que nos ayude a captar frecuencias adecuadas (para luchar contra el Poder), pues las comunidades no se construyen por arte de magia. Hemos de implementar por ello el factor *sintonización*. No partimos de ágoras ni de jefes indios, pues evidentemente estos no vienen ya construidos, listos para ser usados, sino que hemos de generar *nosotros* estos espacios comunitarios. Para ello, debemos sintonizar con las frecuencias precisas para configurar encuentros horizontales y, en su caso, luchar contra quien nos lo impida. Pero aún hay más, lo absolutamente crucial tampoco es la sintonización sino la atracción. Mas, atracción, ¿hacia qué? Hacia la vida, hacia el potencial virtual, hacia *lo político*, hacia la guerra, en suma: hacia la fuente abismal. Ese contacto directo con lo virtual es, en última instancia, el que permite boicotear los circuitos del Poder y modular medios. No es suficiente con la sintonización porque los Poderes ofrecen muchísimas facilidades al respecto: véase si no el mundo cibernético donde no sólo podemos comprar sino también contactar, donde manifestantes a favor del racismo pueden sintonizar entre sí tan fácilmente como manifestantes en contra del racismo. Pero, como decíamos, existe una función que ha de implementarse a la sintonización, precisamente, para impedir, siguiendo con el ejemplo, el racismo. He aquí la *atracción*:

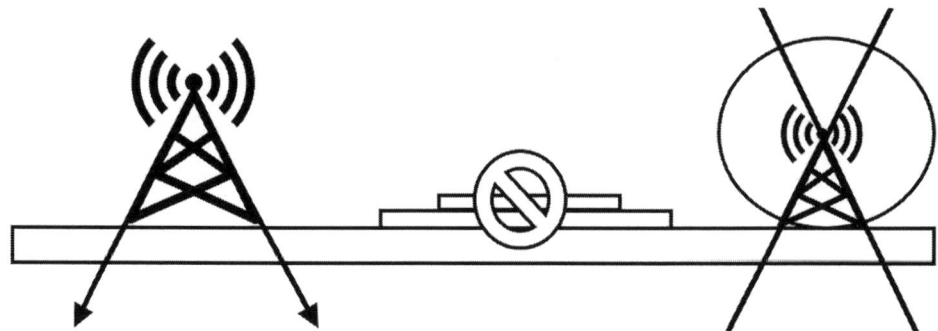

Gráfico 14

Por un lado (véase arriba, gráfico 14), esa antena (la que está situada más a la izquierda), en tanto atractor, conecta con lo virtual (repárese en las flechas hacia abajo), esto es, obliga a que las políticas no oculten *lo político* con sus tableros (lo que ocurre en el centro de la imagen) camino (estrato sobre estrato) hacia lo vertical; y por otro lado (a la derecha), evita que la comunicación configure un circuito cerrado en torno a la antena, todo un círculo (vicioso), de ahí que la tachemos con esas aspas en forma de X. Sabemos que el Poder y el círculo van de la mano: ambos poseen centros determinados y límites precisos (circunferencia como línea continua cuyos puntos equidistan del centro). Gracias a esas aspas, pues, el atractor quiebra los sistemas autoritarios, abriéndolos, enfriándolos.

Tanto el jefe indio como el ágora funcionan como atractores. Ley del caos que proviene de lo virtual político e imprime su carácter a cualquier cosmos (políticas). Ahora bien, dado el carácter ondulatorio del ágora, en el campo de dispersión no existe un único atractor, como en el caso de las sociedades primitivas (jefe) o las *póleis* (ágora), pues cada participante de la comunidad (máquina de guerra) funciona como tal. Evitamos así la figura de *un* jefe o *un* ágora. Si la comunidad primitiva, a través de la Ley que manaba de la palabra del jefe indio, expandía el ágora para no necesitar muralla, en el campo de dispersión cada habitante hace las veces de jefe indio, por lo que ya no se necesita una figura tal ni tampoco un espacio específico para el ágora y otro para la muralla. Digamos que la responsabilidad comunitaria de cada habitante es más exigente: en tanto atractor, porta consigo el ágora y la palabra del jefe indio. Cada participante enarbola constantemente la Ley del *no impondrás tu voluntad ni te someterás a las de otros*. Partiendo de cada atractor como condición de posibilidad de las políticas (dada su conexión con *lo político*), de la creación de medios, a estos se les prohíbe convertirse en canales. Asimismo, el habitante-atractor también posee las funciones de emisor-receptor y sintonizador. Si regresásemos a las máquinas de guerra, viéndolas ahora como antenas, ilustraríamos así estas funciones que acompañan a la de atractor.

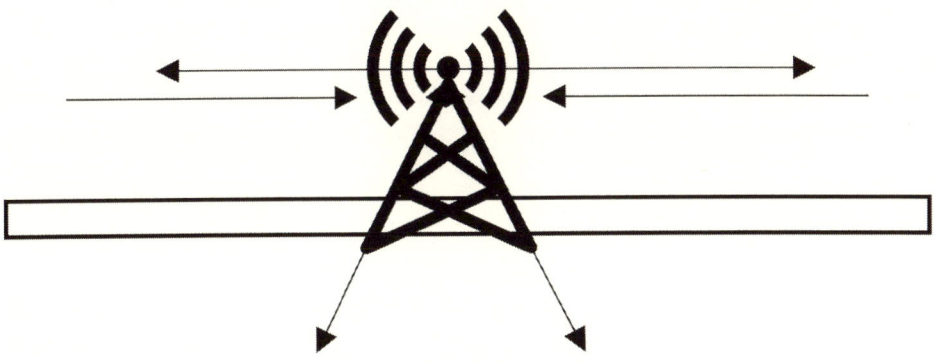

Gráfico 15

Al hundirse en lo virtual (atravesar el tablero primigenio), las máquinas de guerra, en tanto atractores, se sumergen en el caos y emergen en el cosmos: «caóticos "atractores extraños" que existen, por así decir, *entre* las dimensiones».[240] Al conectar con la vida, el «atractor simboliza la diversidad»[241] pues impide la homogeneización de la realidad, la reducción de las diferencias

> formando órdenes caóticamente nuevos y espontáneos. Aquí tenemos una esté-
> tica de la frontera entre el caos y el orden, los márgenes, la zona catastrófica donde
> la descomposición del sistema puede significar la iluminación.[242]

Las luces solares del Poder (mayestáticas, mayoritarias) son sumergidas en el gélido abismo para regresar como luciérnagas (devenires-minoritarios). Pero sabemos que no basta con el caos, que no hay caos sin cosmos, como no hay lo virtual sin lo actual, por ello, se ha de iluminar (organizar el caos) con mucho cuidado (cariño) para, por un lado, no cegar a otros, por lo que se han de configurar luces frías; y por otro, abogar por el anonimato, el nomadismo del modo-luciérnaga y lo «clandestino, jeroglífico,[243] de las realidades constantemente sometidas a la censura»,[244] para evitar ser reducidas por cierto sistema político.

En suma, los campos de dispersión carecen del ágora específica de la *pólis* y del jefe indio en las sociedades primitivas, mas no de sus funciones, pues cada habitante incorpora la función atractor que sumerge toda política en *lo político*, obligándola a incorporar el ruido de fondo o, lo que es lo mismo, evitando el sobre-calentamiento (o canalización) de los medios. Las conexiones entre los habitantes operan como la muralla de la *pólis*: la libre participación en determinados medios otorga una cohesión a los diversos grupos que construyen sus políticas en común.

Sin embargo, el término muralla, para evitar ser pensado en un sentido limi-tativo-negativo, debe ser reemplazado por una imagen rizomática de líneas conec-tivas productivas-positivas. Si situamos el ágora en el nivel virtual, como el pozo al que siempre descendemos para extraer agua (políticas), la muralla nos habla, desde lo actual, de las relaciones que se establecen sobre el hecho de *compartir* los pozales de agua, dando lugar a un cierta cohesión, de una red (abierta) de acción. Proseguimos en un paradigma materialista,[245] pues tan agua es lo virtual como lo actual, sin embargo, reparamos una vez más en sus enriquecedoras diferencias. Del

---

[240] BEY, Hakim, *T.A.Z.*, *op. cit.*, p. 112.

[241] PRIGOGINE, Ilya y STENGERS, Isabelle, *Entre el tiempo y la eternidad, op. cit.*, p. 77.

[242] *Ibidem*, p. 144.

[243] «Un medio frío como la escritura jeroglífica o con ideogramas tiene efectos muy distintos a los del medio caliente y explosivo del alfabeto fonético» (McLUHAN, Marshall, *Comprender los medios de comunicación. Las extensiones del ser humano, op. cit.*, p. 44).

[244] DIDI-HUBERMAN, Georges, *Supervivencia de las luciérnagas, op. cit.*, p. 105.

[245] «Los medios tecnológicos son materias primas o recursos naturales» (McLUHAN, Marshall, *Comprender los medios de comunicación. Las extensiones del ser humano, op. cit.*, p. 41), en última instancia: «líneas de fuerza» (*Ibidem*, p. 36).

pozo (*lo político*) *necesariamente* extraemos los pozales (*las políticas*). Ahora bien, es posible hacer muchas cosas con esos pozales: venderlos, compartirlos, esconderlos, transformarlos, etc.[246] Es decir, la muralla (compartir pozales) puede trocar muro (separar algunos para usarlos de formas privativas). La clave para evitar que esto ocurra es no olvidar el agua (que pone en común lo virtual y lo actual):

> Mientras Tzu-Gung viajaba por las regiones al norte del río Han, vio a un anciano trabajando en su huerta. Había excavado un canal de riego. El anciano bajaba a un pozo y sacaba con las manos un recipiente lleno de agua que vertía en el canal. Si bien sus esfuerzos eran tremendos, los resultados parecían más bien escasos. Tzu-Gung dijo: 'Hay un modo de llenar cien canales de riego en un solo día y de conseguir mucho más con menos esfuerzo. ¿Quiere que se lo explique?' Entonces el campesino se levantó, lo miró y dijo: '¿En qué consiste?' Tzu-Gung contestó: 'Prepare un poste de madera delgado en un extremo y pesado en el otro. Así podrá elevar agua tan rápidamente que parecerá fluir. Se llama un pozo de balancín'. Entonces la ira invadió el rostro del anciano, que dijo: 'Mi maestro decía que cualquiera que hace su trabajo con una máquina trabaja como una máquina; y que quien lleva en el pecho un corazón de máquina pierde su sencillez. Quien pierde su sencillez se vuelve inseguro en los esfuerzos de su alma. La inseguridad de los esfuerzos del alma es algo que no concuerda con el sentido de la honestidad. No es que no conozca estos artilugios: es que me da vergüenza utilizarlos.[247]

En otras palabras:

> En el marco de un civilizado experimento de la UNESCO, se instaló recientemente agua corriente, con su organización lineal de tuberías, en algunas aldeas indias. Muy pronto, los aldeanos pidieron que se sacaran las tuberías porque les parecía que toda la vida social de la aldea se había empobrecido al haber dejado de ser necesario que todos acudieran al pozo comunal.[248]

---

[246] «Cualquier medio tiene el poder de imponer sus propios supuestos al incauto» (*Ibidem*, p. 36). «La aceptación dócil y subliminal del impacto de los medios se ha convertido en cárceles sin muros para sus usuarios humanos» (*Ibidem*, p. 41). Siguiendo con el agua, existen las *marcas de agua* en el mundo digital que se utilizan para *proteger* a las imágenes de usos *ilícitos*, resguardando los derechos de propiedad.

[247] McLUHAN, Marshall, *Comprender los medios de comunicación…, op. cit.*, p. 84.

[248] *Ibidem*, p. 103.

ESQUIZOFRENIA:
LA COMUNICACIÓN ANTIJERÁRQUICA

Si en el apartado anterior se ha expuesto a grandes rasgos el proceso comunicativo en los campos de dispersión, preguntémonos ahora sobre algunos de sus modos específicos de realización, en concreto, acerca de la oralidad y la escritura. Comencemos por la crítica a la alfabetización llevada a cabo por McLuhan:

> La alfabetización crea tipos de gente mucho más simples que los que se desarrollan en la compleja trama de cualquier sociedad tribal oral. Porque el hombre fragmentado crea el homogeneizado mundo occidental, mientras que la sociedades orales están compuestas de pueblos diferenciados [...] el mundo interior del hombre oral es un laberinto de complejas emociones y sentimientos, que hace tiempo que el pragmático occidental ha desgastado suprimido en aras de la eficiencia y del sentido práctico.[249]

Esta línea atraviesa su obra: la alfabetización uniforma y homogeneiza la sociedad,[250] «el individuo alfabetizado experimenta una amplia disociación de su vida imaginativa, emocional y sensorial».[251] Aquí se abre otra vía de menoscabo de la potencia *afectiva*,[252] es decir, de la capacidad de los habitantes del campo de dispersión de sentir empatía[253] para hacer comunidad, de aceptar al otro como lo

---

[249] McLuhan, Marshall, *Comprender los medios de comunicación. Las extensiones del ser humano, op. cit.*, p, 71.

[250] *Ibidem*, p. 232.

[251] *Ibidem*, p. 105.

[252] Véase la línea de investigación en torno a los afectos en la política: Mouffe, Chantal, *El poder de los afectos en la política. Hacia una revolución democrática y verde*, Soledad Laclau (trad.), Madrid, Siglo XXI, 2023; Lordon, Frédéric, *Los afectos de la política*, Julien Canavera (trad.), Zaragoza, Prensas de la Universidad de Zaragoza, 2017.

[253] Un empatía que es en realidad *expatía*: más que introducirnos en el otro para sentir lo que siente (in-*pathos*), compartir afectos con (y en) el afuera (ex-*pathos*).

que es: diferente (y en continuo proceso de diferenciación), y no tratar de someterlo bajo el yugo de alguna identidad. En este punto Deleuze advierte de la doble dimensión de la *potestas*: idolatría («ídolo en lo alto»)[254] e identificación (individuo sometido), lo cual deriva en depresión y frustración. «La división depresiva se da entre los dos polos de la identificación: la identificación del yo con los objetos internos y su identificación con el objeto de las alturas».[255] Es este un proceso de cierre, de clausura, de compleción, que genera frustración: «la posición depresiva nos prepara para algo que no es acción ni pasión, sino el retiro impasible».[256] Nada que hacer aquí: pura indiferencia, nihilismo absoluto. El individuo se encuentra encerrado en sí mismo (sometido, *sub*-dito) a merced del amo. Al estar apresado en su identidad, si siente rabia contra el amo, como no puede sacarla fuera de sí (ex-presarla), queda necrosada en su interior produciendo ese resentimiento que Nietzsche asocia con la moral de los siervos.[257]

Las lógicas de reducción y concentración absorben el espacio exterior, ese *entre* donde se dirime la construcción de políticas libertarias. Lógicas que, por ende, son enemigas de los campos de dispersión. Retomando el discurso de McLuhan: «el alfabeto supuso poder, autoridad y control a distancia de las estructuras militares».[258] Hoy en día suele asociarse lo militar con la defensa de un territorio ante la amenaza de algún conflicto bélico. Obviamente, también las autoridades tratan de edulcorar los aspectos armamentísticos con el tema de las ayudas en situaciones de emergencia u otras semejantes. Igual ocurre con la policía, que presenta sus temas educativos viales, de seguridad y ciberseguridad, ofreciendo charlas en los centros de enseñanza para ingresar en la médula ósea de la sociedad, mostrando su cara benefactora y ocultando así, por ejemplo, los reiterados episodios de violencia policial.[259] De hecho, curiosamente, mientras estaba escribiendo estas líneas, acabo de recibir (fecha: 16 de octubre de 2024) este correo electrónico:

> Estimada Comunidad Universitaria: Nos gustaría recordaros que en la tarde de hoy día x de octubre a las x horas como actividad perteneciente al x Congreso Seguridad y Salud (Jefatura Superior de Policía Nacional -Universidad de x)

---

[254] DELEUZE, Gilles, *Lógica del sentido, op. cit.*, p. 228.

[255] *Idem.*

[256] *Ibidem*, p. 229.

[257] NIETZSCHE, F., *La genealogía de la moral*, Andrés Sánchez Pascual (trad.), Madrid, Alianza, 1980, p. 42-46. «Ocurre, pues, en el caso del resentido al revés que en el caso del hombre aristocrático» (*La genealogía de la moral*, en: NIETZSCHE, F., *Obras completas vol. III*, Pablo Simón (trad.), Buenos Aires, Prestigio, 1970, p. 902).

[258] MCLUHAN, Marshall, *Comprender los medios de comunicación. Las extensiones del ser humano, op. cit.*, p. 100.

[259] Si diésemos por supuesto que su sola presencia no comporta violencia, lo cual es mucho suponer.

habrá exhibición de Unidades y Medios policiales en la zona de aparcamiento del Edificio x en la que intervendrán la Unidad de Guías Caninos, Unidad de Prevención y Reacción (UPR) y la Unidad de Medios Aéreos (dron y helicóptero). ¡Os esperamos!

La militarización supone un proceso de concentración de Poder: los *miles*[260] a partir de la época de Carlomagno (sobre el año *mil*) se formaron cuando los campesinos se agrupan alrededor de un señor cediéndole parte de sus potenciales políticos, disminuyendo así sus capacidades de autoorganización. En el mismo sentido, en la actualidad, las guerras de los soldados uniformes militares afianzan la lógica del Estado. Guerras que ocultan *la Guerra* (tablero-Guerra): políticas que reniegan de *lo político*.

De acuerdo con McLuhan y Clastres, la oralidad de las sociedades tribales primitivas deviene fundamental para *cuidar* su carácter democrático. La escritura, al contrario, resulta muy peligrosa, pues genera especialización, separación.[261] Sin embargo, no debemos ser catastrofistas,[262] pues ello no tiene por qué ocurrir necesariamente,[263] siempre que atendamos a la tríada comunicacional expuesta líneas arriba (libre creación de medios-modulares; libre participación en los medios-modulares; prohibición de canales).

Por su parte, apoyando la tesis de McLuhan, el sociólogo David Riesman estudia los efectos culturales de la alfabetización[264] y extrae tres consecuencias: velocidad, individualismo y especialización. En primer lugar, las sociedades pre-alfabetizadas son sociedades «de ritmo lento»,[265] al contrario que la época de la velocidad y aceleración en la que vivimos y que critica vehementemente Paul Virilio,[266] una velocidad que nos aliena y nos impide experimentar libremente; en segundo lugar, la alfabetización provoca distanciamiento de *lo político* e incluso

---

[260] Militarismo es sinónimo de concentración y de individualización (McLuhan, Marshall, *Comprender los medios de comunicación. Las extensiones del ser humano, op. cit.*, pp. 91-92). «La ciudad-Estado griega era una forma tribal de comunidad inclusiva integral, muy distinta de las ciudades especializadas que crecieron como extensiones de la expansión militar de Roma» (*Ibidem*, p. 114).

[261] «La escritura tiende a ser una especie de acto separado» (*Ibidem*, p. 97)

[262] Este término aparecerá de nuevo en las conclusiones.

[263] «Si bien el occidental alfabetizado sufre una gran disociación de su sensibilidad interior al emplear el alfabeto, también consigue la libertad personal de distanciarse del clan y de la familia» (*Ibidem*, p. 105)

[264] CARPENTER, Edmund Carpenter y McLuhan, Marshall (coord.), *El aula sin muros*, Luis Carandell (trad.), Barcelona, Laia, 1974, pp. 77-85.

[265] *Ibidem*, p. 79.

[266] «El reino sin igual de los perfectos, la estandarización de la vida» (Virilio, Paul, *Ciudad Pánico. El afuera comienza aquí,* Iair Kon (trad.), Buenos Aires, Libros del Zorzal, 2006, p. 135); así como en: Virilio, Paul, *Amanecer crepuscular*, Ezequiel Zaidenwerg (trad.), Buenos Aires, Fondo de Cultura Económica, 2003;

de las políticas: «el libro, como la puerta, sirve para fomentar el aislamiento: el lector quiere estar solo, lejos del ruido de los demás»,[267] o bien: «si la comunicación oral mantiene junta a la gente, la imprenta es el medio de aislamiento por excelencia»;[268] y, en tercer lugar, mientras que «en una tribu pre-alfabetizada, virtualmente todo el mundo es especialista en materia de tradición oral», la individualización del punto anterior trae consigo «la diferenciación y [...] la distancia social».[269]

Al hilo de lo expuesto, distinguimos tres fases: 1) eliminar la cohesión del grupo, su carácter comunitario; 2) aislar a los miembros y convertirlos en individuos atómicos para luego 3) llevar a cabo su diferenciación en virtud de su especialización. Es decir: a) las diferencias son reducidas en primera instancia, asimiladas en una uniformidad homogénea; b) después, de esta masa uniforme se extraen partes iguales (individuos); c) finalmente se procede a su separación en función de sus roles específicos a cumplir en la sociedad. En definitiva, existe una reducción de las diferencias primigenias, una negatividad que se erige y que funda la nueva sociedad de individuos especialistas. La diferencia ahora procede de esta última fase y no de la primera: la diferencia queda a merced de la identidad, precisamente lo que critica Deleuze en *Diferencia y Repetición*,[270] como vimos más arriba, lo que no nos permite pensar la diferencia por sí misma sino a partir de aquella; lo mismo que ocurría con la Guerra y con otros conceptos que para poder irrumpir en toda su intensidad deben luchar contra toda suerte de reducciones y ocultamientos.

La lección que extraemos del análisis de los medios de McLuhan es similar a la que afirmaban Deleuze y Guattari en torno a la política: no hay una solución tajante, final, no puede haberla. De ahí que blandiesen el concepto *meseta*,[271] un lugar no muy frío (lo alto de la montaña) ni muy cálido (abajo en la llanura). Unos medios contagian a otros y los contenidos de los medios generan otros medios y lo frío y lo caliente se mezclan y el contexto o cualquier acontecimiento lo puede cambiar todo. No basta con apostar por medios fríos y eliminar los calientes si son pensados como formas absolutas. Tomemos la imagen de la evolución del universo, a la que hacíamos alusión para hablar del espacio político de Arendt. Cuando el medio es demasiado caliente la materia se encuentra unida de forma homogénea, completamente concentrada, configurando un plasma informe. Aquí no puede haber entes diferenciados, ni, por lo tanto, relaciones entre unas formas y otras.

---

[267] CARPENTER, Edmund y McLUHAN, Marshall (coord.), *El aula sin muros*, op. cit., p. 81.
[268] *Ibidem*, p. 83.
[269] *Ibidem*, p. 79.
[270] DELEUZE, Gilles, *Diferencia y Repetición*, op. cit.
[271] DELEUZE, Gilles y GUATTARI, Felix, *Mil mesetas*, op. cit.

Pero lo mismo ocurre en el otro extremo, si el medio es demasiado frío, todo permanece estático, rígido, inamovible, muerto, tampoco hay relaciones entre unos entes y otros, pues aunque en este caso se puedan distinguir unos de otros, no les sirve de nada porque no pueden actuar, dado que se encuentran *petrificados*. Por tanto nos moveremos siempre en dinámicas de calentamiento y enfriamiento: la clave está en encontrar los modos (medios), siempre variables, en que los entes se encuentren (creen su modo) diferenciados pero a la vez cohesionados, en ningún caso individualizados o encerrados en sí mismos. En suma, las puertas siempre han de permanecer *entre*abiertas.

A pesar de la crítica a la alfabetización de McLuhan, no podemos culpar al medio caliente del libro de los males del mundo y pensar que la solución sería su prohibición o destrucción o similares. Recordemos si no las diversas quemas de libros o la novela distópica *Fahrenheit 451* de Ray Bradbury. Porque, entre otros muchos aspectos, el libro también

> tiende a ser un disolvente de la autoridad: del mismo modo que en los libros de contabilidad del comerciante hay páginas en blanco esperando ser rellenadas, igualmente, cuando se ha desafiado a la autoridad tradicional, se nos plantea la cuestión: ¿y ahora qué?[272]

Así que un libro, a pesar de que «el campesino polaco que aprendió a leer y a escribir pasó a identificarse con el mundo urbano del progreso y de la ilustración [...] aunque siguiera viviendo en un mundo campesino»,[273] no tiene por qué subsumirnos en cierto sistema por el mero hecho de usar un medio escrito. La interconexión horizontal de medios es clave para no cerrar ningún contexto comunicacional, reiteramos. En el campo de dispersión no debe existir sólo un (*el*) alfabeto o un (*el*) sistema de signos sino tantos como se construyan, por lo que ninguno podrá ser (*el*) oficial. En suma, no habrá medios oficiales ni privilegiados (*privata lex*).

Sobre la imposibilidad de una precisa catalogación política de los medios, veamos el ejemplo de la radio. De acuerdo con McLuhan, es un medio caliente. *Prima facie* podemos alegar: si la radio es oral, ¿de dónde proviene este carácter separador-alienador, que no alienta a la participación activa? McLuhan insiste en el hecho de que el contenido de un medio es otro medio. Así pues, la voz que escuchamos en la radio no es sólo una voz. No es inmediata, directa, sino inscrita en un determinado medio, una suerte de *voz escrita*. Es sencillo: la voz de la radio resulta un medio algo más caliente que la voz que emite una

[272] CARPENTER, Edmund y McLUHAN, Marshall (coord.), *El aula sin muros, op. cit.*, pp. 81-82.
[273] *Ibidem*, p. 82.

persona que tenemos al lado, con la que nos es más fácil comunicarnos.[274] La voz radiofónica se puede elevar sobre otras voces. Aplicado a las sociedades primitivas, siguiendo a McLuhan, si grabásemos la voz del jefe indio y la emitiésemos a través de unos altavoces las veinticuatro horas del día, todo podría cambiar (en el peor de los sentidos). Esa *aparentemente* mínima separación de la voz, que ahora no usa el medio inmediato común, el aire (desde la boca del jefe indio a los oídos del resto) sino un medio canalizado y mediatizado por otros instrumentos (boca del jefe indio-aparato de grabación-aparato de emisión), es harto peligrosa. McLuhan:

> La fragmentación, o especialización, como técnica para obtener seguridad bajo la tiranía y la opresión, conlleva un peligro concomitante. La adaptación perfecta cualquier entorno solo se logra con una dedicación absoluta de las fuerzas y energías vitales, que equivale a una especie de término estático.[275]

Ello, aunque parezca exagerado, puede desembocar (degenerar) en Estado, consabido exponente del mal para Pierre Clastres. Pero, sin embargo, la radio podría funcionar como medio *para que* el ruido y el caos impregnen la comunidad, para que *lo político* no sea ocultado.

Sin embargo, la cruda realidad es que, paso a paso, haciendo o permitiendo que unos determinados medios silencien a otros, el Poder se refuerza cada vez más.[276] De la voz a la escritura y de la escritura al dinero:[277] una progresiva separación nos ha conducido al capitalismo actual:

---

[274] Desde la semiótica, Charles S. Pierce califica la relación mediada como *degenerada*, al contrario que la inmediata o *genuina*. He aquí una vía para una lectura crítica de la democracia representativa. Véase: APEL, Karl-Otto, *El camino del pensamiento de Charles S. Peirce*, Ignacio Olmos (trad.), Madrid, Visor, 1997; DELADALLE, Gérard, *Leer a Peirce hoy*, Lia Varela (trad.), Barcelona, Gedisa, 1996; PEIRCE, Charles Sanders, *Obra filosófica reunida. Charles Sanders Peirce. Tomo I (1867-1893)*, Nathan Houser y Christian Kloesel (ed.), Darin McNabb (trad.), Fondo de cultura económica, México D.F., Fondo de Cultura Económica, 2012; PEIRCE, Charles Sanders, *Obra filosófica reunida. Charles Sanders Peirce. Tomo II (1893-1913)*, Nathan Houser y Christian Kloesel (ed.), Darin McNabb (trad.), Fondo de cultura económica, México D.F., Fondo de Cultura Económica, 2012.

[275] CARPENTER, Edmund y McLUHAN, Marshall (coord.), *El aula sin muros, op. cit.*, p. 89.

[276] «Nuestro malestar viene de ahí: oímos no el lenguaje sino el eco, o más bien la reproducción *ad infinitum* del lenguaje, su reflejo en una serie-de-reflejos de sí mismo, más autorreferencial y corrompido» (BEY, Hakim, *T.A.Z., op. cit.*, p. 235).

[277] «Basta una sola generación de alfabetización fonética para liberar al individuo, al menos al principio, de la trama tribal» (McLUHAN, Marshall, *Comprender los medios de comunicación. Las extensiones del ser humano, op. cit.*, p. 101)

La cultura tribal estrechamente integrada no cederá fácilmente a las presiones separatistas, visuales e individualistas que conducen a la división del trabajo, y luego, a formas tan aceleradas como la escritura o el dinero.[278]

Los medios calientes *pueden* llevar a la ruina a las organizaciones democráticas absorbiendo y homogeneizando los diferentes potenciales vitales. En definitiva, este distanciamiento nos vuelve a hablar de la fisura entre *zoé* y *bíos*. El sistema estatal separa a los ciudadanos de lo que pueden y así ya sólo pueden ser ciudadanos, es decir, siervos. Estos son depotenciados: el Poder es un excedente. El Estado no es más que el usufructuario del excedente de todas las potencias vitales que somete. Mas no es el propietario ni el poseedor, dado que los cuerpos siguen pudiendo (recuérdese el óxido), los súbditos continúan disponiendo de la *zoé*... y por ello podrían dejar de obedecer las lógicas estatales. El Estado ha de vigilar con celo su excedente: esa suerte de contrato de usufructo puede ser cancelado en cualquier momento por aquellos que rechacen seguir cediendo o delegando sus *bíos*. Aquí se colige una consistente conexión entre Estado, burocracia y economía. El Estado es un empresario que se dedica a la gestión del excedente. Hoy en día vivimos la *crisis* de las estructuras estatales (ciertos sectores ultraliberales claman contra el Estado), pero el sistema se encuentra en muy buena forma dado el hermanamiento estructural entre Estado y economía capitalista. Así que el hecho de que el neoliberalismo critique más o menos el Estado del bienestar[279] no supone ningún escándalo, pues ambos modelos sobreviven gracias a semejante modelo político: la gestión del excedente, la apropiación del *bíos*. *Peleando a la contra*[280] resultan harto significativas las ceremonias del *potlatch* en las sociedades primitivas: los excedentes son demasiado peligrosos (requieren de vigilancia, de mediación, de gestión...), luego deben ser destruidos. Esta destrucción del excedente significa, ni más ni menos, el rechazo del Estado.

---

[278] *Ibidem*, p. 127. «Como la escritura, el dinero tiene el poder de especializar y encauzar las energías humanas en funciones separadas, del mismo modo que traduce y reduce un tipo de labor en otro en otro» (*Ibidem*, p. 149).

[279] «La socialdemocracia resultó ser una inocente compañía de seguros para el proletariado» (GROSZ, George, *Un sí menor y un No mayor, op. cit.*, p. 114).

[280] «Cuando estás en la calle / es cuando te das cuenta de que / *todo* / tiene dueño / y de que hay cerrojos en / *todo* / así es como funciona la democracia: / coges lo que puedes, / intentas conservarlo / y añadir algo / si es posible. / así es también como funciona / la dictadura / sólo que una esclaviza y / la otra destruye a sus / desheredados. / Nosotros simplemente nos olvidamos de los nuestros» (BUKOWSKI, Charles, *Peleando a la contra*, José Manuel Álvarez (trad.), Barcelona, Anagrama, 1997, pp. 470-471).

En *Espacio acústico*[281], Edmund Carpenter y Marshall McLuhan aprecian una serie de características de este tipo de espacio a la vez que las comparan con el espacio visual. Parten del hecho de que «en muchas culturas pre-alfabetizadas el poder de la tradición oral es tan fuerte que el ojo está subordinado al oído»,[282] pero la alfabetización acabó reafirmando el sentido de la vista a costa del oído. Digamos que el espacio visual se llevó el gato al agua. «Gran parte de la inquietud intelectual de la Atenas del siglo V estaba relacionada con el descubrimiento del mundo visual y la traducción de la tradición oral a las formas escritas y visuales».[283] Sin embargo, «desde que Aristóteles aseguró a sus lectores que el sentido de la vista estaba "por encima de todos los demás" y era el único en el que se debía confiar, no hemos concedido al sonido un papel primordial».[284]

De acuerdo con Carpenter y McLuhan, el espacio auditivo es: a) no local o lleno; b) no centralizador; c) constructor; d) impreciso; e) emotivo y f) evocativo.

Comencemos por el primer rasgo. Desde la vista, cuando observamos el mundo percibimos objetos y los situamos en cierto lugar. A la vez que los convertimos en figuras los separamos del fondo. Por ello el espacio visual es fragmentador o separador. Sin embargo, el espacio auditivo es no-local o pleno: «la característica fundamental del sonido [...] no es su localización sino el hecho de que [...] llena un espacio».[285] En segundo lugar, a colación de lo anterior, si el espacio visual determina ciertos objetos, esas figuras que vemos y distinguimos del resto y que podemos representar de acuerdo con nuestra perspectiva, el espacio auditivo no es centralizador, «no tiene ningún foco preferente».[286] En tercer lugar, si el espacio visual se concibe como un contenedor donde se insertan los objetos, donde se fijan, ocupando sus lugares respectivos, el espacio auditivo es más bien en espacio constructor: «un espacio construido por la cosa misma, no un espacio que contiene la cosa».[287] De la pasividad que se desprende del espacio visual, cual *res extensa* cartesiana, a la actividad constructiva del espacio auditivo. En cuarto lugar, «el espacio auditivo carece de la precisión de la orientación visual».[288] Solemos *ver* los objetos bien definidos, con límites precisos que los separan del fondo del que son recortados, mas no así opera el espacio auditivo:

---

[281] Capítulo del libro: CARPENTER, Edmund y McLUHAN, Marshall (coord.), *El aula sin muros, op. cit.*, pp. 87-93.
[282] *Ibidem*, p. 87.
[283] *Ibidem*, p. 93.
[284] *Ibidem*, p. 88.
[285] *Ibidem*, p. 89.
[286] *Ibidem*, p. 90.
[287] Id.
[288] *Ibidem*, p. 91.

es fácil determinar si un sonido proviene de la derecha o de la izquierda [...] pero es imposible, con los ojos vendados, juzgar exactamente si un zumbido neutral, a una distancia constante, está directamente detrás o delante de uno y, del mismo modo, si se encuentra directamente encima o debajo.[289]

En quinto lugar, «el oído está estrechamente asociado con la vida emocional del hombre [...] El espacio auditivo tiene la capacidad para suscitar toda la gama de emociones en nosotros».[290] Y, estrechamente ligado a ello, en sexto lugar, el espacio auditivo convoca el mundo virtual, no hipostasia el presente ni cierra el paso a otras realidades: el «poder de lo auditivo para hacer presente la cosa ausente. La escritura anuló esta fuerza mágica».[291]

La principal diferencia entre estos dos tipos de espacios es que el visual deriva jerarquizante mientras que en el mucho más democrático espacio auditivo no existe *un* punto de vista instituido como *el* punto de vista preeminente. De hecho, el oído carece de puntos de vista no porque no tenga ojos sino por la sencilla razón de que no divide el espacio en puntos. El espacio auditivo obvia las coordenadas cartesianas que mapean el mundo y no se aleja del territorio físico, luego afirma, con Korzybski, que el *mapa no es el territorio*. ¿Pero qué ocurriría con aquellos que no pueden escuchar? En principio, nada excluyente, pues los sordos escuchan con los ojos,[292] integrándose en el espacio auditivo a pesar de que partan de lo visual. Al no disponer de la capacidad de escuchar, no ven del mismo modo que quienes usan vista y oído. Insertando sus oídos en sus ojos, lo que perciben los sordos no es sólo visual sino también auditivo.

Regresando al concepto *meseta* (ligado al *entre*), en resumidas cuentas, no se puede predeterminar con precisión, es decir, no se puede prescindir,[293] de lo oral o lo escrito. Todo comienza por el abismo.[294] Fría, caliente, oral o escrita, «toda palabra es física, afecta inmediatamente al cuerpo»[295]. Pero sí se puede llevar a cabo una distinción entre dos grandes modos, en consonancia con los sentidos de las fuerzas. Frente a la tríada reactiva identificación-depresión-frustración, expuesta líneas arriba, esgrimamos la *esquizofrenia* activa. Al contrario que aquella,

---

[289] *Id.*
[290] *Ibidem*, pp. 91-92.
[291] *Ibidem*, p. 92.
[292] O ven voces. Óigase-léase: SACKS, Oliver, *Veo una voz. Viaje al mundo de los sordos*, José Manuel Álvarez (trad.), Barcelona, Anagrama, 2006.
[293] Al respecto, Deladalle recoge esta cita de Charles S. Pierce: «la "precisión" introduce la jerarquización. La palabra "precisión" viene de "prae-scissio", del verbo "prae-scindere", que casi siempre se traduce de manera más clara por "pre-escindir"» (DELADALLE, Gérard, *Leer a Peirce hoy, op. cit.*, p. 85).
[294] DELEUZE, Gilles, *Lógica del sentido, op. cit.*, p. 224.
[295] *Ibidem*, p. 119.

esta es siempre parcial, abierta. Existe algo fundamental en el habla y la escritura del esquizofrénico (del) campo de dispersión: aportan ruido. No lo dicen todo, generando así líneas de fuga. No son señales nítidas, perfectamente separadas, precisamente articuladas, sino ruidosas. He aquí la «génesis dinámica»[296] del lenguaje no sometido por ninguna gramática-Dios[297] que «extrae una Voz de todos los ruidos de la profundidad».[298] La mayúscula con que escribe Deleuze el término Voz es significativa. La mayúscula-mayestática Voz de Dios, bien manda callar (silencio), bien manda hablar (rezo). Todo lenguaje (divino, perfecto) deviene así impresivo y opresivo, luego depresivo. Los individuos, oprimidos por el modelo a seguir, sólo poseen impresiones. No hay expresión, no hay verdadero afuera. En cambio, «la primera evidencia esquizofrénica es que la superficie ha reventado. Ya no hay frontera entre las cosas y las proposiciones, precisamente porque ya no hay superficie de los cuerpos»[299] De nuevo: salir al exterior, inter-actuar, conectar lo virtual y lo actual. Voces en tanto singularidades libres, anónimas y nómadas,[300] flujos de «energía libre y no ligada»,[301] los campos de dispersión son esquizofréni-cos. Sin origen, sin fin. Lenguaje tartamudo, comas y más comas y el interrogante abierto sobre qué vendrá después. En palabras del escritor Robert Musil: «mientras se piense en frases con punto final, ciertas cosas no pueden expresarse». [302]

---

[296] *Ibidem*, p. 229.
[297] Recuérdese la advertencia de Nietzsche: «temo que no nos libraremos de Dios mientras sigamos creyendo en la gramática» (NIETZSCHE, Friedrich, *El crepúsculo de los ídolos*, J. Mardomingo Sierra (trad.), Barcelona, Folio, 2007, p. 29). Muy similar, salvando las distancias, a esta reflexión de Peirce: «los gramáticos son hijos de Procusto y harán que todas las lenguas se adecúen a nuestra gramática» (PEIRCE, Charles Sanders, *Obra filosófica reunida. Charles Sanders Peirce. Tomo II (1893-1913)*, *op. cit.*, p. 63)
[298] DELEUZE, Gilles, *Lógica del sentido*, *op. cit.*, p.230.
[299] *Ibidem*, pp. 117-118.
[300] *Ibidem*, p. 141.
[301] *Idem*.
[302] En: BARRIOS, Manuel, *Narrar el abismo. Ensayos sobre Nietzsche, Hölderlin y la disolución del clasicismo*, Valencia, Pre-textos, 2001, p. 138

EL PROCESO DE CAJANEGRIZACIÓN EN CLAVE POLÍTICA*

El concepto *caja negra* se inscribe en el debate sobre la técnica. Como es sabido, se trata de un campo de estudio que atraviesa toda la historia de la filosofía, desde la *téchne* (τέχνη) griega hasta la cibernética. Confrontaremos a continuación diferentes perspectivas con sus consiguientes implicaciones para extraer lecturas políticas que relacionar con los campos de dispersión.

Sobre el telón de fondo del positivismo que pretendía reducir el conocimiento al saber científico abogando por la neutralidad axiológica de la ciencia y evitando conexiones con la política, en su célebre conferencia[303] dictada en 1948, Heidegger afirmaba que la técnica no era lo mismo que la *esencia* de la técnica. Más allá de la búsqueda de esencias platónicas, el sentido de la frase apelaba a la necesidad de la filosofía, de la crítica. No basta con examinar el objeto técnico y tomarlo como un producto ya hecho (véase la asociación con la etimología de *perfecto*), clausurado, *emplazado* en el mundo de forma determinada y determinante.

> El Tesla Roadster rojo que la compañía SpaceX de Elon Musk lanzó al espacio en febrero de 2018 es la demostración de una cosmotécnica en la que el cosmos es un mero stock de existencias. Es un gesto elocuente, que recuerda a la foto tomada por el Apolo 17 en 1972, en la que la Tierra se convirtió en lo que Heidegger denominó *Gestell* [estructura de emplazamiento].[304]

Yuk Hui actualiza del siguiente modo la anterior afirmación heideggeriana que distinguía entre técnica y *esencia* de la técnica: «la cibernética es el fin de la filoso-

---

*   Este capítulo se basa en un artículo que será publicado en la revista de filosofía *Claridades*, editada por la Universidad de Málaga.

303   HEIDEGGER, Martin, *La pregunta por la técnica*, Jesús Adrián Escudero (trad.), Barcelona, Herder, 2021.

304   HUI, Yuk, *Recursividad y contingencia*, Maximiliano Gonnet (trad.), Buenos Aires, Caja Negra, 2022, p. 56.

fía».[305] En una entrevista[306] televisiva Heidegger se lamentaba de que el público no hubiese entendido que él no renegaba de la técnica, sólo estaba rechazando cualquier uso de la razón estrictamente científico. «Heidegger ve en la cibernética una fuerza totalizadora que es sinónimo de una racionalidad exclusiva».[307] Curiosamente, en el mismo sentido apunta Bruno Latour: «técnico es un buen adjetivo, técnica un pésimo nombre».[308] Ello nos recuerda al ocultamiento de *lo político* por parte de la política, a la necesidad de evitar sustantivos que hipostasian lo real eliminando su riqueza diferencial. El cometido es, pues, evitar una reducción *a priori* del objeto de estudio (la técnica, en este caso): con Heidegger, mantener la vigencia de la filosofía; con Latour, conectar la ciencia con la política.

El concepto *caja negra* está muy presente en el debate contemporáneo,[309] sobre todo, en el ámbito de la filosofía de la ciencia, aunque también ha sido usado como metáfora para abordar estudios de muy diversa índole.[310] Sin embargo, las consecuencias van más allá de la epistemología o de la técnica y generan intensas relaciones con la política, en torno a la crítica del consumismo capitalista y la defensa de la ecología, entre otras propuestas. Así pues, a pesar de su procedencia técnico-científica, el concepto se ha emancipado de cualquier compartimento estanco:

> Since originating in the 1940s as part of military research [...] the black box has gained multiple connotations, which require us to understand it as something more nuanced than a mere technical object [...] The figure of the black box often designates a matter of opacity by implying the presence of structures and operations that constitute the realm of visuality while staying hidden. In other words, it refers to a system that one can know only through its inputs and outputs without accessing its internal functioning.[311]

---

[305] *Ibidem*, p. 155.

[306] Véase: <https://www.youtube.com/watch?v–xe-GxfRS1ss>.

[307] HUI, Yuk, *Recursividad y contingencia, op. cit.*, p. 154.

[308] LATOUR, Bruno, *La esperanza de Pandora. Ensayos sobre la realidad de los estudios de la ciencia*, Tomás Fernández Aúz (trad.), Barcelona, Gedisa, 2021, p. 228.

[309] Por citar varios ejemplos: HAMLY, Dadid W.,, *In and out of the black box: On the philosophy of cognition*, Basil, Blackwell, 1990; WINNER, Langdon, «Upon Opening the Blak Box and finding it empty: Social constructivism and the Philosophy of Technology», *Science, Technology and Human Values*, vol. 18, 1993, pp. 362-378; VON HILGERS, Philipp, «The History of the Black Box: the Clash of a Thing and its concept», *Cultural Politics*, vol. 7, n.º 1, 2011, pp. 41-58; ISCEN, Ozgun E., «Black Box Allegories of Gulf Futurism: The Irreducible Other of Computational Capital, in The Case for Reduction», *Cultural Inquiry*, 2022, pp. 91-115.

[310] Véase, por ejemplo: MOSTERÍN, Jesús, «La insuficiencia de los paradigmas metafóricos en psicología», *Revista de la Asociación Española de Neuropsiquiatría*, 2003, n.º 85, pp. 89-104.

[311] «Desde su origen en la década de los cuarenta [del siglo XX] como parte de la investigación militar [...] La caja negra ha adquirido múltiples connotaciones, que nos obligan a entenderla como

La caja negra es un hecho, un objeto físico, material, muy abundante en nuestras vidas (occidentales), desde un microondas o un aspirador a un teléfono móvil inteligente. Una de sus características principales es la opacidad, la oscuridad de su funcionamiento interno, cierto secretismo causado por su original conexión con las investigaciones militares de la que nos hablaba la cita anterior. Aplicando los conceptos de McLuhan, *prima facie*, diríamos que las cajas negras son medios muy calientes porque: a) desde un sentido del objeto *interno*, no podemos (o nos es muy complicado) participar de su construcción o de su transformación; b) desde afuera, no requieren mucho trabajo activo por nuestra parte, sólo obedecer al mecanismo subyacente, seguir las instrucciones.

> Blackbox System procesa un input y entrega un output, sin el conocimiento del usuario acerca de su funcionalidad interna. Si el sistema cerrado se daña, el output se detiene. En este momento la caja negra se despuntualiza. El interior de un sistema cerrado es territorio de expertos y no suele ser reparable por el usuario. A pesar de ello, determinadas partes de este interior del sistema cerrado no reparable por el usuario pueden ser manipuladas y curvadas por los no expertos. [312]

La caja negra sirve para lo que sirve, es decir, para lo que está programada. Ahora bien, ¿qué efectos producen estos objetos en nuestras vidas? Comenzaremos con la lectura de Sloterdijk, más centrada en el aspecto epistemológico y ético para luego dar el salto a la política de la mano de Bruno Latour y Viveiros de Castro, entre otros.

Peter Sloterdijk[313] usa el concepto *luz* de forma heurística y didáctica en aras a distinguir dos diferentes puntos de partida en la reflexión filosófica: la vía de la caja blanca y la de la caja negra. En primer lugar, «cuando se ve el mundo como caja blanca, domina el prejuicio de la apertura y la transparencia».[314] Aquí no existen limitaciones de antemano, el sujeto pensante se encuentra abierto al mundo y podrá verlo todo. La otra vía, la de la oscuridad, parte de un sujeto encerrado en sí (Descartes sería el modelo paradigmático), dudando incluso

---

algo más matizado que un mero objeto técnico […] La figura de la caja negra designa a menudo una cuestión de opacidad al implicar la presencia de estructuras y operaciones que constituyen el ámbito de la visualidad permaneciendo ocultas. En otras palabras, se refiere a un sistema que sólo se puede conocer a través de sus entradas y salidas, sin acceder a su funcionamiento interno» (Iscen, Ozgun E., «Black Box Allegories of Gulf Futurism: The Irreducible Other of Computational Capital, in The Case for Reduction», *Cultural Inquiry*, 2022, p. 96).

[312] Parikka, Jussi, *Una geología de los medios*, Maximiliano Gonnet (trad.), Buenos Aires, Caja Negra, 2021, p. 270.

[313] Sloterdijk, Peter, *El imperativo estético*, Joaquín Chamorro Mielke (trad.), Madrid, Akal, 2020, pp. 71-112.

[314] *Ibidem*, p. 95.

de la existencia de la realidad exterior. Para poder salir al mundo y llegar a comprenderlo, en primera instancia, debe fortalecer su interioridad, convertirse en caja negra. Gracias a esta técnica instrumental, el sujeto logrará conocer el mundo. «El tema moderno de Bacon "saber es poder" debe leerse como si hubiese dicho: construir en la caja negra es poder».[315] Esta caja negra tiene dos funciones: por un lado, perpetuar la individualidad del sujeto, producir su identidad; por otro, servir como instrumento epistemológico. Para poder saber,[316] el sujeto debe, indefectiblemente, encerrarse en sí mismo: sólo a partir de su estricta individualidad podrá acumular poder.

> La teoría del gran todo, que empezó siendo blanca, tendría que dejar de ser sólo jovial, diurna, contemplativa, y volverse hacia la caja negra de la capacidad consciente para desarrollar un arte aplicado, rutinario, esto es, para convertirse en técnica.[317]

Esta *cajanegrización*, por usar el término de Latour al que pronto llegaremos, implica la clausura del sujeto cognoscente. Caja negra como cierre epistemológico que garantiza la supervivencia del individuo, por un lado, y la posibilidad de que sepa, por otro. Hasta aquí Sloterdijk nos presenta al sujeto cognoscente como caja negra auto-constituida. Recordemos las fases: 1) el mundo es *negro*, no se ve nada, no podemos comprenderlo; 2) la estrategia es la siguiente: nos encerramos en nosotros mismos, nos convertimos en *cajas*, para que nuestro propio mecanismo cognoscitivo nos ofrezca luz al respecto. Bien, ahora es el momento de salir afuera (al ámbito ético-político), al calor de nuestra linterna, como Diógenes buscando hombres honestos. ¿Qué encontramos?

Nada. O más bien, todo cajas negras, sólo cajas negras, más y más inextricables cajas negras. ¿Qué hacer con ellas? ¿Cómo actuar? Al sujeto-caja negra no le queda otra opción que encogerse de hombros. Así que la caja negra-sujeto como condición de posibilidad de saber sólo se queda en eso, en un *a priori* inútil.

> Las máquinas complejas nos han ayudado a no entender. Algunos saben cómo se producen y los demás aprenden a conformarse con comprender el uso de unos pocos botones.[318]

Pero, ¿por qué no las entendemos? Porque las miramos desde nuestro propio aislamiento, porque las percibimos desde nuestra identidad de caja negra desde la que sólo podemos conocer de puertas para adentro, si a eso se le puede llamar

---

[315] *Ibidem*, p. 92.
[316] Véase el vínculo con los estudios de Michel Foucault sobre los regímenes de verdad y la relación entre poder y saber.
[317] SLOTERDIJK, Peter, *El imperativo estético, op. cit.*, p. 93.
[318] SLOTERDIJK, Peter, *El imperativo estético, op. cit.*, p. 112.

conocer. En palabras de Nicolás Gómez Dávila: «una reciprocidad inane [...] como el mutuo reflejarse de dos espejos vacíos».[319] Esta reducción epistemológica de base nos impide contactar abiertamente con el mundo. Cuando el sujeto-caja negra percibe el objeto-caja negra, el espejo no le devuelve la imagen que espera, como ocurre en el famoso cuadro de Magritte *La reproducción prohibida* (1937), sino que recibe una contundente lección que ahora comporta consecuencias éticas. No es sólo un tonto (epistemología) por no conocer sino un idiota (ética) por no salir de sí mismo: «sé listo, sé un idiota: tal es la máxima de la nueva ética de la caja negra».[320] Ante su incapacidad, el sujeto se conforma con usar la caja negra, pero sin llegar a comprenderla. Se ha de limitar a obedecer, a seguir al pie la letra un libro de instrucciones que él no ha generado. Sin embargo, algo es algo, el sujeto-caja negra no puede saber pero por lo menos puede hacer, esto es, usar las cajas negras-objeto. «La inteligencia queda así en gran medida liberada; decepcionada pero feliz».[321] Esta felicidad idiota le incapacita para abrirse al mundo, para construir comunidades, en una palabra, merma su capacidad política activa: «las sociedades modernas mediadas por las máquinas son conjuntos de relaciones interidióticas».[322] El sujeto-caja negra queda determinado por la información que le ofrece la caja negra-objeto: ella es quien le proporcionará cierto saber y cierto poder hacer, luego el sujeto se convertirá en un mero súbdito, esclavo de la caja negra. Sloterdijk usa este ejemplo: «después de una catástrofe aérea, solo se busca la caja negra, como si fuese la única alma superviviente de las que había abordo capaz de proporcionar información sobre las causas del siniestro».[323] La caja negra posee en sí misma la verdad, ella se convierte en luz, pero en una luz opaca que no podemos comprender sino recibir como la verdad de una forma completamente acrítica y pasiva.

Pero, cuidado, no seamos ingenuos, la política no ha desaparecido del mundo sino que se halla oculta en el diseño de la caja negra-objeto, cuyo propósito es ocultar la verdad de su funcionamiento interno. El diseño (pensado y ejecutado por alguien, evidentemente) ostenta una función primordial: hacer perpetuar la estupidez (epistemología) y la idiotez feliz (ética) del sujeto al que va dirigido el producto. Véase la inversión del paradigma: el sujeto humano (por ejemplo, el cartesiano) conoce y dispone del objeto (por lo menos esa es su aspiración); pero con la *cajanegrización* del mundo tecnológico actual, es el objeto (caja negra) quien troca sujeto y el ser humano pasa a ser objeto. Ahora la caja negra tecnológica le somete convirtiéndole en incompetente:

---

[319] GÓMEZ DÁVILA, Nicolás, *Escolios a un texto implícito*, Girona, Atalanta, 2009, p. 31.
[320] SLOTERDIJK, Peter, *El imperativo estético, op. cit.*, p. 111.
[321] *Ibidem*, p. 112.
[322] *Ibidem*, p. 111.
[323] SLOTERDIJK, Peter, *El imperativo estético, op. cit.*, p. 94.

el diseño [...] no es sino la liquidación competente de la incompetencia. Asegura los límites de la competencia de los individuos ofreciendo al sujeto métodos y recursos para navegar como competente en el océano de su incompetencia.[324]

La libertad del sujeto procede de la dádiva de la caja negra que determina con precisión aquello que el sujeto puede y no puede hacer. El diseño opera como un método de control político, «pequeñas lámparas del control»,[325] las llamaba Sloterdijk. Luego sí hay una política, pero trasciende las competencias del sujeto humano que es reducido a mero consumidor y usuario. No obstante, en estos terrenos ya no se adentra Sloterdijk, finalizando su ensayo en torno a la incompetencia e idiotez referidas. De todos modos, a lo largo de sus escritos, sobre todo en la trilogía *Esferas*[326] Sloterdijk insiste en la intimidad, en la inmunidad... Y ese recurrente prefijo *in* nos ofrece una valiosa pista: «la civilización [...] es el proceso en el cual se liberan las oportunidades de individualización».[327] Su individuo es atómico, sea cual sea su disposición en el mundo, incluso en la era actual de las espumas que desarrollará en el tercer volumen de *Esferas* y que presenta así: «en la espuma rige el principio del co-aislamiento, según el cual una y la misma pared de separación sirve de límite en cada caso para dos o más esferas».[328] El ser humano cambia pero siempre partiendo de sí, no es una construcción *en* y *con* el mundo sino una mera auto-construcción: «el hombre es y será hasta el final un animal auto-plástico»[329]. Subrayamos: no plástico sino *auto*-plástico. Los criterios y las medidas para obrar en el mundo podrán cambiar, pero siempre serán ciertas *homomensuras*, como el *modulor* del arquitecto Le Corbusier[330] que asocia la *esfera* con la unidad de habitación, mas siempre sin romper este modelo molar, celular: «el carácter plural del conglomerado de células es importante, por eso acentúo el aspecto individualista de la disposición de estas células».[331]

---

[324] *Ibidem*, p. 120.
[325] *Ibidem*, p. 112.
[326] SLOTERDIJK, Peter: *Esferas I*, Isidoro Reguera (trad.), Madrid, Siruela, 2003; *Esferas II*, Isidoro Reguera (trad.), Madrid, Siruela, 2003; *Esferas III*, Isidoro Reguera (trad.), Madrid, Siruela, 2006.
[327] SLOTERDIJK, Peter, *El imperativo estético*, op. cit., p. 13.
[328] SLOTERDIJK, Peter Sloterdijk, *Esferas II*, op. cit., p. 48. Aquí lo refrenda: «mis paredes son tus paredes y que compartimos al estar apartados uno del otro. El concepto de co-aislamiento es fundamental en el universo de las formas espumosas» (SLOTERDIJK, Peter, *El imperativo estético*, op. cit., p. 213).
[329] SLOTERDIJK, Peter, *El imperativo estético*, op. cit., p. 290.
[330] *Ibidem*, p. 192.
[331] *Ibidem*, p. 193.

Sin embargo, otros pensadores parten de un sujeto no individual, no ya construido, no encerrado en sí mismo, sino abierto al mundo. Diciéndolo con Juan Manuel Aragüés[332], trocamos el sujeto idiota (particular, impotente para la participación política) en *koinota* (comunitario). Mas, ¿es posible luchar contra la función reductora de la caja negra? Veamos cómo. En primer lugar, debemos reparar en que nos encontramos en la otra vía, en la de caja blanca de la que hablaba Sloterdijk *supra*. Aquí reflexionaremos sobre las implicaciones políticas de la *cajanegrización*[333] no ya desde un sujeto-caja negra sino desde el afuera. Por ende vamos a comprender el sujeto y el objeto de otro modo, no individual, no atómico,[334] de acuerdo con la lectura deleuziana sobre las singularidades en Spinoza y el principio de individuación de Gilbert Simondon.[335]

> Piense cuántas cajas negras hay en esa habitación. Ábralas. Examine los ensamblajes que hay en su interior. Cada uno de los componentes que contiene la caja negra es en sí mismo una caja negra llena de elementos.[336]

Este otro *sujeto* va más allá del mero uso obediente a los dictados de la caja negra: la abre (para tratar de *ver la luz*, como se suele decir). Después, observaremos que, como todo individuo, «tiene un número muy grande de partes»,[337] al igual que nosotros. Tanto sujetos como objetos son partes del todo (modos de ser de la substancia *spinoziana*): «el individuo mismo, es una parte [...] de la potencia de la sustancia».[338] Así que de primeras nos encontramos en una situación horizontal, de igualdad ontológica, no hay separación (ni aislamiento) entre sujeto y objeto, tampoco jerarquía. No nos dejamos deslumbrar por el brillo espectacular[339] de la caja negra que oculta su funcionamiento interno. Sabemos ya que «los objetos tecnológicos están diseñados como una "caja negra" conce-

---

[332] ARAGUÉS, Juan Manuel, «El conatus de lo común. Del capitalismo idiota a la sociedad koinota», *Disenso, revista de pensamiento político*, Año 4, 2023, enero, V, pp. 66-81.

[333] Como la llamó Bruno Latour en: *La esperanza de Pandora. Ensayos sobre la realidad de los estudios de la ciencia, op. cit.*, pp. 220-221.

[334] «El individuo es relación» (INGALA GÓMEZ, Emma, «Salvar lo infinito. La filosofía de Gilles Deleuze», *Ontology Studies*, 2010, 10, p. 243).

[335] SIMONDON, Gilbert, *La individuación a la luz de las nociones de forma y de información, op. cit.*

[336] LATOUR, Bruno, *La esperanza de Pandora. Ensayos sobre la realidad de los estudios de la ciencia, op. cit.*, p. 221.

[337] DELEUZE, Gilles, *En medio de Spinoza, op. cit.*, p. 348.

[338] *Ibidem*, p. 350.

[339] «El espectáculo se presenta como la sociedad misma y, a la vez, como una parte de la sociedad y como un *instrumento de unificación*» (DEBORD, Guy, *La sociedad del espectáculo, op. cit.*, p. 38). Esto es, la caja negra se nos presenta como un todo y nos convoca, nos llama. Debemos usarla tal como es, tal como está diseñada: para no abrirse, para no descomponerse en partes, para continuar operando como un individuo cerrado.

bida para no ser reparada, y ninguna de las piezas internas puede ser reparada por el usuario».[340] Mas la pregunta que emerge aquí es: ¿cómo actuar ante la *cajanegrización* de la tecnología?

La propuesta de Jussi Parikka es bifaz. Por un lado, desde su aproximación materialista-geológica, debemos comprender que las cajas negras son productos materiales. Incluso la famosa nube donde guardamos los datos virtuales nos ha de conducir a las macro-granjas de ordenadores que consumen cantidades ingentes de energía. De igual forma los chips provienen de la extracción de ciertos minerales en determinados lugares del planeta. «Si bien una y otra vez se le asigna a "lo digital" las connotaciones inmateriales de la información, está y siempre ha estado anclado en la tierra y por lo tanto territorializado».[341] Otros, en cambio, abogan por una concepción no directamente materialista de la tecnología, lo cual flirtea con el idealismo.[342] Pero no es el caso de Parikka, como decimos. Por otro lado, la fabricación (usando minerales y otros recursos naturales) de los objetos tecnológicos (caso de las cajas negras) comporta una serie de consecuencias físicas, geológicas, ecológicas, esto es, políticas: «gran parte de la cacería de los recursos geológicos y la carrera por la energía en el horizonte contemporáneo está condicionada por estructuras neocoloniales».[343] Por ende, haciendo hincapié en esta materialidad de los medios, en el caso que nos ocupa, las cajas negras, no sólo ocultan su funcionamiento (interno) sino también su modo de producción (externo): desde la extracción del aluminio (por ejemplo) en la mina hasta la producción en serie en la fábrica. Pero la elección del material, en este caso el aluminio, no es baladí, pues depende del *diseño* (recordamos en este punto a Sloterdijk). El aluminio no es un mineral cualquiera, presenta una función específica que se enmarca en su imaginería, definida «por su belleza, incorruptibilidad, ligereza y abundancia».[344] El aluminio hace brillar la pantalla, refleja la luz, contribuye, por un lado, al objetivo de la opacidad de la caja negra, y por otro, nos incita al consumo. En suma, (tecno-bio)política por doquier: «componentes científico-materiales que en silencio determinan nuestra vida cotidiana».[345]

De todas formas, esta intensa crítica a la *cajanegrización* no comporta, para los campos de dispersión, el rechazo de la tecnología sino la búsqueda de posibles

---

[340] PARIKKA, Jussi, *Una geología de los medios, op. cit.*, p. 265.
[341] *Ibidem*, p. 208.
[342] Yuk Hui nos ofrece un ejemplo al respecto: «como señala Wiener, la información no es ni materia ni energía» (HUI, Yuk, *Recursividad y contingencia, op. cit.*, p. 34).
[343] PARIKKA, Jussi, *Una geología de los medios, op. cit.*, p. 107.
[344] PARIKKA, Jussi, *Una geología de los medios, op. cit.*, p. 189.
[345] *Ibidem*, p. 191.

usos no alienantes de la misma (véase Donna Haraway). Diciéndolo con McLuhan, necesitamos tecnología más bien fría, no tan caliente. Recordemos que sobre esta línea crítica ya nos alertaba Heidegger: la técnica no debe colocarse por encima, no hemos de someternos a ella, se trata por tanto de reflexionar sobre

> cómo tratar textos energéticos, materiales y ambientales más amplios de nuestra cultura tecnológica de maneras que no sucumban al romanticismo tecnológico («necesitamos menos tecnología porque la tecnología es tóxica») ni al idealismo de Silicon Valley («latecnología es información y la información es inmaterial»). [346]

Y sí, hay otras opciones: desobedecer y abrir las cajas negras para transformarlas. Parikka propone el *circuit bending*: «la operación de cortocircuito dar creativamente los aparatos electrónicos de consumo con el propósito principal de generar un resultado sonoro visual novedoso». [347] Se trata de una práctica muy conocida en el terreno artístico, en el ámbito performativo. Simple: usar los objetos de otro modo no preestablecido. Véanse las conexiones con las técnicas surrealistas y dadaístas. Recordemos cómo transformaba Marcel Duchamp un urinario en fuente, un objeto cotidiano asociado a un función excretoria convertido en una obra de arte con una dimensión exclusivamente estética. Así que, este modo de desobedecer cambia los circuitos de la caja negra para hacer con ella otras cosas que en principio no estaban previstas en el modelo. «El *circuit bending* es una manera de hacer que nos recuerda que los usuarios una y otra vez se apropian, personalizan y manipulan los productos de consumo de formas inesperadas». [348] Otras prácticas similares son las del *hacker* en el ámbito cibernético [349] o algunos videojuegos subversivos que penetran en los procesos de fabricación de las cajas negras, que nos provocan una experiencia tanto intelectual como estética, que nos hacen comprender y, a su vez, experimentar. Por ejemplo, ponernos en la piel del trabajo de los mineros que nuestra brillante pantalla se empeña en ocultar. Véase el videojuego *Phone Story* que

> detalla las cadenas de producción y las condiciones de trabajo en su recorrido desde las minas de minerales hasta las fábricas Foxconn -proveedoras de Apple-, ubicadas en la «zona económica estratégica» de Shenzhen. Asolados por los suicidios de sus trabajadores, y paradigma de los problemas sanitarios generales que tienen que ver con el polvo de aluminio -un producto colateral del cuidado por el cual se garantiza que nuestros iPad luzcan brillantes y adecuadamente pulidos-, tales lugares constituyen el oscuro inconsciente de la cultura del *gadget*. [350]

---

[346] *Ibidem*, p. 289.
[347] *Ibidem*, p. 264.
[348] PARIKKA, Jussi, *Una geología de los medios*, *op. cit.*, p. 265.
[349] WARK, McKenzie, *Un manifiesto hacker*, Laura Manero (trad.), Barcelona, Alpha Decay, 2006.
[350] PARIKKA, Jussi, *Una geología de los medios*, *op. cit.*, p. 172.

La vía materialista-política de Jussi Parikka es también la propuesta por Viveiros de Castro y Déborah Danowski en abierta crítica al capitalismo individualista. Dicho sin reparos: «el sujeto constituyente moderno es una alucinación narcisista».[351] Así que, en lugar de vernos reflejados en nuestras pantallas, que, a veces, curiosamente, son usadas como espejos, debemos comprender que cualquier *cajanegrización* es producto de un intento de controlar (como susurraba Sloterdijk) a la población, de diseñar a los sujetos, esto es, de sujetarlos para obligarles a ser (consumir, vivir, relacionarse con el mundo...) de cierto modo. En fin, biopolíticas...

Estos pensadores que hemos citado (Latour, Parikka, Viveiros de Castro, Danowski, Haraway) desarrollan así los planteamientos estrictamente epistemológicos y éticos de Sloterdijk, llevándolos al territorio político sobre la crítica del sistema capitalista actual. Pero existen más aproximaciones actuales a esta problemática, como las del realismo especulativo y el aceleracionismo. Danowski y Viveiros de Castro las rechazan de plano, tildándolas de «horizonte de una intensificación paroxística del nuevo espíritu del capitalismo»,[352] o producto de seres «*apasionados* por las mercancías, en las que su pensamiento permanece completamente *aprisionado*»,[353] cual positivismo neutral que evita todo compromiso político, resultando ser un mero esbirro del sistema capitalista:

> esa visión de un mundo como pura materialidad indiferente, asubjetiva o incluso antisubjetiva se encuentra defendida de forma convincente en las obras por demás influyentes de Meillasoux y de Brassier.[354]

No obstante, podemos encontrar entre ellas algunas propuestas políticas críticas. Allende las derivas aceleracionistas neoliberales, encontramos prácticas subversivas como el *Manifiesto por una Política Aceleracionista*[355] de Alex Williams y Nick Srnicek publicado en el año 2013 que, entre otros muchos, enarbolan argumentos ecológicos en su llamada a la revolución:

> el agotamiento irreversible de los recursos, especialmente de las reservas de agua y energía, puede provocar una hambruna masiva, el colapso de los paradigmas económicos y nuevas guerras, frías y calientes.

De todas formas, existen ciertos puntos de encuentro entre todas estas propuestas, como el marco de una ontología materialista no antropocentrista en las que se inscriben. Uno de estos pensadores que funcionaría como bisagra

---

[351] DANOWSKI, Déborah y VIVEIROS DE CASTRO, Eduardo, *¿Hay mundo por venir? Ensayo sobre los miedos y los fines*, Rodrigo Álvarez (trad.), Buenos Aires, Caja negra, 2019, p. 71.

[352] *Ibidem*, p. 100.

[353] DANOWSKI, Déborah y VIVEIROS DE CASTRO, *¿Hay mundo por venir? ... op. cit.*, p. 138.

[354] *Ibidem*, p. 70.

[355] Publicado en la red: <https://comitedisperso.wordpress.com/2013/07/30/manifiestoaceleracionista1/>.

es Reza Negarestani, pues aparece ligado al realismo especulativo pero a su vez no desentona en absoluto con las críticas de Viveiros y Danowski. En su obra *Ciclonopedia*[356] los protagonistas son las ratas, el petróleo, el polvo (ese polvo que nos molesta al ensuciar nuestra pantalla pero que debería llevarnos a otro tipo de polvo: el que se encuentra en el pulmón del minero que extrae el mineral que permite fabricar el dispositivo). Las implicaciones políticas subversivas son evidentes. De hecho, entre otras estrategias, similar al *circuit bending*, propone la *descomposición*, una suerte de «desintegración no-fragmentaria en la cual todo permanece conectado a la entidad que se está descomponiendo».[357] De esta forma no usamos el objeto tecnológico como algo separado sino que nos conectamos a él. Para poder llevarlo a cabo, evidentemente, habremos de transformar el funcionamiento predeterminado de la caja negra para integrarla de acuerdo con nuestros intereses, no sometidos a los suyos. Regresando a la disyuntiva formulada por Sloterdijk, Negarestani opta sin ambages por la vía de la caja blanca: «el aperturismo proviene del afuera, y no al contrario».[358] Se trata de evitar la clausura individualista que puede derivar en dominación: «puesto que el Afuera en su exterioridad radical está en todas partes, sólo necesita ser excitado para precipitarse y borrar la ilusión de apropiaciones económicas o de cierre».[359] Este Afuera es la condición de posibilidad de las cajas negras-objeto pero también de los sujetos-cajas negra, es el espacio común del que partimos, que compartimos. Excitar el Afuera es conectar con lo virtual.

> Si en términos del afuera radical, el cierre (de todo sistema o sujeto) es imposible, entonces el acto de abrir no es nada más que la realización efectiva de esta imposibilidad para el sistema. Para el sujeto, esta imposición de la imposibilidad es siempre catastróficamente desagradable.[360]

El capitalismo actual nos ofrece objetos *fáciles* que nos proporcionarán felicidad inmediata. Y no es que, *realmente*, no podamos abrir las cajas negras, sino que, a la inversa, no se pueden cerrar por completo pues no lo permite ese *afuera radical*, que es no más que otro modo de llamar al *entre* o al *espacio común*. Así que, *ladinamente*, la caja negra se nos presenta de una forma abierta, transparente, sincera, como estrategia para tratar de ocultar su codificación interior evitando de ese modo que la abramos. He aquí el diseño, la política que subyace tras su construcción. En suma:

[356] NEGARESTANI, Reza, *Ciclonopedia*, Hugo Castignani (trad.), Madrid, Materia Oscura, 2016.
[357] *Ibidem*, p. 366.
[358] NEGARESTANI, Reza, *Ciclonopedia, op. cit.*, p. 380.
[359] *Ibidem*, p. 385.
[360] *Ibidem*, p. 388.

Si el hombre moderno se define por los traumas que lo focalizan y lo des-focalizan, entonces para recuperarlo de los actuales regímenes planetarios de miopía (fundamentalismos religiosos, totalitarismos, capitalismo rampante) y finalmente, de su propia arrogancia, sus traumas deben ser movilizados como síntesis dialéctica revolucionaria hacia lo abierto.[361]

Por su parte, Yuk Hui revisa este debate intentando hallar líneas convergentes:

esta crítica de Viveiros de Castro y Danowski puede ser tomada simplemente como una crítica reaccionaria y poscolonial a la filosofía especulativa de Meillas-soux [...] No obstante, también puede ser leída como una reafirmación del énfasis de Meillassoux en la idea de un pluralismo con diferencias de naturaleza.[362]

Si partimos de una concepción materialista y diferencial de la realidad impo-sibilitamos el hecho de comprender al individuo (sea caja negra-sujeto, sea caja negra-objeto) como algo cerrado hermética y definitivamente. Situemos al sujeto estúpido e idiota feliz, diciéndolo con Sloterdijk, en el fondo de la caverna del mito de Platón. Las sombras que ve proyectadas en la pared carecen de profun-didad. Estas sombras simbolizarían las cajas negras: *aparentemente* no se pueden abrir. Aquellos personajes platónicos que sostenían los objetos que producían las sombras son los actuales publicistas y fabricantes, encargados del diseño. En el exterior de la caverna hallaríamos a aquellas y aquellos que abren las cajas negras comprendiendo su funcionamiento y transformándolo de acuerdo con sus propó-sitos: los *circuit-benders*, los hackers y otros agentes similares. Insistimos, desde esta comprensión de la realidad, los objetos y los sujetos dejan de ser atómicos (cajas negras como puntos). Resuenen las palabras de Parikka en la que explicaba el funcionamiento de la caja negra: «si el sistema cerrado se daña, el output se detiene. En este momento la caja negra se despuntualiza».[363] Esto es: se *desatomiza*, se *desindividualiza*: se abre al mundo. El usuario troca manipulador: la subversión comporta despuntualización. La caja negra ya no está donde tenía que estar, ya no hace lo que tenía que hacer. Estas políticas sí nos conducen hacia los modos comunitarios. En cambio, los habitantes de la caverna componen sociedades de individuos estúpidos, idiotas y felices. La clave para evitar el sometimiento a la *cajanegrización* es, de acuerdo con Yuk Hui: «re-emplazar el pensamiento tecnológico moderno, cuya esencia es la estructura de emplazamiento».[364] Sin embargo, debemos tener cuidado con ese *re-emplazar* para evitar incurrir en los

---

[361] NEGARESTANI, Reza, «Planeta de Revolución», en: AVANESSIAN, Armen (ed.), *Realismo especulativo*, Mauro Reis (trad.), Madrid, Materia Oscura, 2019, p. 206.

[362] HUI, Yuk, *Recursividad y contingencia, op. cit.*, p. 376.

[363] PARIKKA, Jussi, *Una geología de los medios, op. cit.*, p. 270.

[364] HUI, Yuk, *Recursividad y contingencia, op. cit.*, p. 56.

mismos errores que criticábamos, puesto que un re-emplazamiento es un volver a emplazar, es decir, ubicar puntos en espacios determinados, establecer plazos, situar entre muros.

La *cajanegrización* simboliza aquello que Clastres presentaba como una separación y una especialización, procesos que inician la constitución de un Estado. El campo de dispersión no es un emplazamiento: las puertas estarán abiertas para los participantes y cerradas, obviamente, para los enemigos. Sin embargo, dada la dimensión virtual, los participantes (intramuros) pueden transformarse en enemigos. No es necesario, por ello, construir murallas. No hay salvación ni solución final. El conflicto burbujea en todo momento cual géiser a punto de emerger. Así que, cajas negras *si y sólo si* son usadas como armas para luchar contra el Poder. Y en todo caso, los habitantes de la comunidad conocerán (o tendrán libre acceso a conocer) su funcionamiento. Asimismo, el diseño de estas cajas negras de combate se inspirará, del modo más eficiente posible, en el único objetivo final: perseverar en la potencia comunitaria.

No obstante, pese a lo expuesto, y evitando incurrir en un maniqueísmo ciertamente reductor (el *Bien* simbolizado por los *circuit-benders* vs el *Mal* representado por los meros usuarios, es decir, el afuera-libertad *vs* el interior-esclavitud de la caverna platónica, respectivamente), no hemos de ser ingenuos. Hoy en día, en la civilización occidental cada vez más global, resulta harto complicado escapar del imperio hegemónico de las cajas negras, objetos cotidianos que encierran nuestra identidad y reducen el campo de relaciones con la alteridad. A lo largo de nuestras vidas aparecen diferentes cajas-negras como *imposiciones* culturales: desde la *caja* (vivienda-de-vivos) en la que habitamos y para la que necesitamos hacer *caja* (trabajo-dinero) hasta la *caja* fúnebre que *habitamos* (vivienda-de-muertos) y para la que también necesitamos hacer caja (es decir, pagarla). ¿Se trata de un círculo vicioso? Si y sólo si pensamos la caja negra desde el individuo-caja-negra, es decir, si proseguimos encapsulados en el paradigma sujeto-objeto que genera una continua dependencia (y con ello, una impotencia), de acuerdo con el concepto *pobreza modernizada* que, crítico con el sistema global impositivo, construye Ivan Illich.[365] Dependemos de una casa, de una cuenta bancaria, de un coche, hasta de una caja fúnebre. Estos objetos y condiciones se presentan (mejor dicho, se venden) como necesarios, restringiendo así nuestro campo de posibilidades, esto es, nuestra libertad de elección y de construcción de políticas.

---

[365] ILLICH, Ivan, *El derecho al desempleo útil y sus enemigos profesionales*, Isabel Martín Riera (trad.), Madrid, Díaz & Pons, 2015.

INCONCLUSIONES

Si sugeríamos evitar los medios fríos y calientes absolutos en tanto meras quimeras, Miguel Abensour, en la misma línea, habla de *irenismo* y *catastrofismo*:

> una representación de la política como actividad llamada a desplegarse en el espacio llano, sin asperezas, sin fisuras o conflictos, orientada hacia una intersubjetividad pacífica y carente de problemas.[366]

En otras palabras, la promesa de la paz perpetua, el jardín del Edén, imágenes que pueblan paradigmas trascendentes, que exhalan un aura de áurea inmaterialidad que en la práctica deviene imposible. Nos encontraríamos aquí con los medios fríos absolutos que llegan a hacer de la política algo prescindible: no hay por qué dedicarse a participar, a construir organizaciones, podemos sentarnos tranquilamente y saborear nuestra libertad y felicidad mientras contemplamos la belleza del Todo.

Al otro lado, el catastrofismo es una

> actitud que consiste en pensar que todas la relaciones sean de dominación, sin excepciones, sin la posibilidad de una apertura de un espacio o un tiempo de libertad que escaparía a la escisión entre dominadores y dominados.[367]

En este caso nos hallamos en el otro extremo, donde los medios calientes nos oprimen de tal forma que no existe escapatoria. Aquí la construcción política (desde abajo) no es prescindible (como en el irenismo) sino imposible: la autoridad no deja ni un resquicio de libertad, nuestra condición de esclavos es ineluctable.

De la paz perpetua del irenismo a la esclavitud permanente del catastrofismo. No obstante, sabemos que tanto el irenismo como el catastrofismo son irrealiza-

---

[366] ABENSOUR, Miguel, *Para una filosofía práctica. Ensayos, op. cit.*, p. 71.
[367] *Id.*

bles por completo: el primero, porque la Guerra es la madre, la fuente de la que emergen las políticas, por lo que el conflicto no puede ser erradicado de una vez por todas, no es eliminable (dada su dimensión virtual); el segundo, porque el Poder se alimenta de los potenciales de aquellos a los que somete,[368] así que si los hiciera desaparecer por completo el Poder mismo acabaría disolviéndose. Abensour vuelve a señalar puntos clave al citar la famosa *confesión de Rousseau de que todo se relaciona con la política* para añadir a continuación:

> Esto no significa, en absoluto, como las almas caritativas se apresuran en señalar que «todo es política», confundiendo así el hecho de «relacionarse con» y el hecho de «ser». Las expresiones 'relacionarse con' o 'pertenecer a' indican un vínculo entre dos distancias distintas y no una identidad o una homogeneización que anule las diferencias.[369]

Rechazando todo idealismo trascendente, nos encontramos indefectiblemente en la meseta, en un espacio físico, terrenal, mezcla de caos y cosmos, de virtualidad y actualidad. Aquí, hemos de configurar políticas

> no *sobre* la vida, sino *de* la vida,[370] situándonos al mismo nivel de la vida, con ella, no en un plano de superioridad o inferioridad sino donde renace lo posible, un posible indeterminado, un posible que va a producirse y a modificarse de acontecimiento en acontecimiento.[371]

Y este *posible* (virtual) remite a un ámbito transhistórico en tanto intempestivo, similar al discurso[372] de Étienne de La Boétie, de acuerdo con Clastres: «es difícil encontrar un pensamiento más libre que el de Etienne de la Boétie»,[373] que «con más de tres siglos de distancia anticipa a la empresa de un Nietzsche –aún más que la de un Marx– de reflexionar sobre la degradación y la humillación».[374] Su famoso discurso[375] no es un análisis histórico al uso, sobre ciertos acontecimientos

---

[368] «La potencia es coextensiva al poder, no es lo otro salvaje [...] es intrínseca al poder y colusiva al dispositivo que la gobierna por medio del proceso de subjetivación» (Laura Bazzicalupo, *Biopolítica. Un mapa conceptual*, *op. cit.*, p. 102). Tampoco debemos dejar de pensar o de usar la palabra política, porque el Poder se la haya apropiado, como proponía Horkheimer: «el conjunto de los métodos que conducen a esa dominación y de las medidas que sirven para mantenerlas se llama política» (ABENSOUR, Miguel, *Para una filosofía práctica. Ensayos*, *op. cit.*, p. 55)

[369] *Ibidem*, p. 79.

[370] ESPOSITO, Roberto, *Comunidad, inmunidad y biopolítica*, *op. cit.*, p. 23.

[371] Cita de Claude Lefort que nos habla de la conexión con lo virtual, en: ABENSOUR, Miguel, *Para una filosofía práctica. Ensayos*, *op. cit.*, p. 270.

[372] CLASTRES, Pierre, *Investigaciones en antropología política*, *op. cit.*, p. 128.

[373] *Ibidem*, p. 119.

[374] CLASTRES, Pierre, *Investigaciones en antropología política*, *op. cit.*, p. 124.

[375] «Este que os domina tanto no tiene más que dos ojos, no tiene más que dos manos, no tiene más que un cuerpo [...] Lo que tiene de más sobre todos vosotros son las prerrogativas que le habéis

puntuales inscritos en una línea cronológica, sino que nos lleva a la propia estructura abismal, a la materia relacional entre Poder y potencia de la que emergerán posteriormente los estudios biopolíticos. «La Boétie investiga no como psicólogo sino como mecánico: se interesa por el funcionamiento de las maquinarias sociales».[376] Clastres y Deleuze y Guattari[377] proseguirán con el estudio de las máquinas. Ello implica el rechazo a pensar la realidad a partir de sujetos y objetos ya construidos, es decir, el clásico paradigma sujeto-objeto, y abogar por un análisis de las relaciones y la continua producción de efectos entre los diferentes encuentros de las fuerzas. Y en el terreno político, situarse, comprometerse, para luchar contra el Uno del Poder. Esta es la máxima radicalmente democrática: ser todos-unos, en lugar de todos-Uno,[378] he aquí la multitud diferencial, plural, fragmentaria, provisional, nómada, anónima, minúscula-minoritaria,[379] contra la identidad homogeneizadora mayúscula-mayoritaria estatal.

Encontramos una *definición* de Estado en estos versos de Sylvia Plath que seguramente serían del agrado de Pierre Clastres y otros librepensadores subversivos:

> Sumidero de Fango, Cara de Pocilga feliz.
> Yo me casé con una despensa de desperdicios.
> Me acuesto en una charca de peces.
> Aquí abajo, el cielo siempre está cayendo.
> Cerdo Revolcón está en la ventana.
> Los bichos de las estrellas no me salvarán este mes.
> Hago mis labores en el lugar más recóndito de las vísceras del Tiempo.[380]

En estos otros versos, la definición de *autoridad:*

> Pero el rostro seguía ahí,
> El rostro del nonato, amante de sus perfecciones,
> El rostro del muerto que solo podía ser perfecto
> En su sencilla paz, y solo así permanecer sagrado.
> Luego surgieron otros rostros. Rostros de naciones,
> Gobiernos, parlamentos, sociedades,
> Los rostros sin rostro de los hombres importantes.[381]

---

otorgado para que os destruya» (LA BOÉTIE, Étienne, *Discurso sobre la servidumbre voluntaria o el Contra uno*, José de La Colina (trad.), Madrid, Tecnos, 1995, p. 14).

[376] CLASTRES, Pierre, *Investigaciones en antropología política*, *op. cit.*, p. 121.

[377] En *Mil Mesetas*, *op. cit.*, a partir de la página 364 aparece «un homenaje a la memoria de Pierre Clastres» en el marco del estudio de las máquinas de guerra.

[378] ABENSOUR, Miguel, *Para una filosofía práctica. Ensayos*, *op. cit.*, p. 195.

[379] Como la *biopolítica menor* de Agamben: la vida como potencia contra el poder (BAZZICALUPO, Laura, *Biopolítica. Un mapa conceptual*, *op. cit.*, p. 131)

[380] PLATH, Sylvia, *Soy vertical, pero preferiría ser horizontal*, *op. cit.*, p. 42.

[381] PLATH, Sylvia, *Soy vertical, pero preferiría ser horizontal*, *op. cit.*, p. 20.

Finalmente, una muestra de potencia vital insurgente:

> No logro contenerla. No logro contener mi propia vida.
> Me convertiré en una heroína de lo nimio.
> Los botones sueltos no podrán acusarme,
> Ni los agujeros en los calcetines, ni los blancos rostros
> De las cartas sin contestar, confinadas en un escritorio.
> Nadie podrá acusarme, nadie podrá hacerlo.
> El reloj no podrá ayudarme inadecuada, ni tampoco esas estrellas.
> Clavadas en su sitio, abismo tras abismo.[382]

Recapitulando, hemos dado cuenta del espacio político de los campos de dispersión, haciendo hincapié en la función atractor de las máquinas de guerra (ágoras) para conectar con el potencial virtual y de ese modo no separar la política de la vida. Recordemos que a nadie se le puede exigir su permanencia en (evitaremos aún más el término *pertenencia a)* la comunidad. El compromiso puede ser roto en todo momento. Pero si deciden formar parte, sí se les exige algo fundamental: no imponer ni obedecer, participar de forma activa (esta es la *carga* de la que habla Esposito, tarea que proviene de su compromiso libre) y anti-jerárquica. Caso contrario, serán expulsados. El Estado, no lo olvidemos, es una amenaza perpetua.

Los campos de dispersión son pliegues que traban constantemente las caras virtual y actual de lo real:

> Si se da a un esquimal Aivilik una fotografía colocada al revés, no encuentra necesario girarla. Cuando los niños esquimales no pueden terminar un dibujo en una hoja de papel trazan el resto en el reverso [...] Forma de ver las cosas sin ninguna «relación consigo mismo».[383]

Y, precisamente, esta *no-relación consigo mismo*, es la que gesta su horizontalidad, no mediada por un sujeto centralizador privilegiado. No hay un arriba y un abajo determinados, la verticalidad no se impone, por eso los esquimales pueden *ver* la imagen sin necesidad de girarla, porque se adaptan *al otro*, se pliegan con lo otro sin someterlo a *su* perspectiva. Este es un modo afirmativo, ver-escuchar en tanto suma de fuerzas de los campos visuales y auditivos. En definitiva, a partir del análisis de la concepción espacial del arte primitivo, en el campo de dispersión se da una

---

[382] *Ibidem*, pp. 26-27.
[383] Extraído del ensayo «Concepción del espacio en el arte prehistórico» de S. Giedon, en: CARPENTER, Edmund y MCLUHAN, Marshall (coord.), *El aula sin muros, op. cit.*, pp. 51-52.

completa independencia y libertad de visión [...] no existe, en el sentido quedamos nosotros en estas palabras, arriba ni abajo; no hay una clara separación de los objetos mezclados ni tampoco norma alguna de tamaño proporcional.[384]

No debemos pensar el campo de dispersión como una comunidad (estrictamente) humana. No tiene por qué haber seres humanos o podría sólo participar una sola *persona*, en el bosque, en su cabaña, como Henry David Thoureau.[385] Ni homomensura ni otra clase de medición oficial. Nada más (y nada menos) que modulaciones (la propia naturaleza del campo de dispersión desobedece todo modelo, impide la institución de un canon), plegamientos y conexiones multidireccionales variables y esquizofrénicas.

Los campos de dispersión son espacios *marginales y experimentales construidos y habitados por seres bifaces: máquinas de guerra en tanto disolventes de todo Poder; máquinas de amor en cuanto expresiones de la potencia comunitaria.* Campos de dispersión: cantos de amor de máquinas de guerra, cantos de guerra de máquinas de amor.

[384] CARPENTER, Edmund y McLUHAN, Marshall (coord.), *El aula sin muros, op. cit.*, pp. 60-61.
[385] THOUREAU, Henry David, *Walden*, Javier Alcoriza (trad.), Madrid, Cátedra, 2010.

BIBLIOGRAFÍA

ABENSOUR, Miguel, *Para una filosofía práctica. Ensayos,* Scheherezade Pinilla Cañadas y Jordi Riba (trad.), Barcelona, Anthropos, 2007.

AGAMBEN, Giorgio, *Homo sacer. El poder soberano y la nuda vida,* Antonio Gimeno Cuspirena (trad.), Valencia, Pre-textos, 2005.

— «¿Qué es un campo?», *Nombres. Revista de filosofía (10), 2012. Recuperado de:* <https://revistas.unc.edu.ar/index.php/NOMBRES/article/view/2167>.

— *El uso de los cuerpos. Homo Sacer IV, 2*, César Palma (trad.), Valencia, Pre-textos, 2017.

ANTONELLI, Marcelo, «La cuestión del poder en la filosofía de Gilles Deleuze», *Eidos 36 (2021), pp. 17-43.*

APEL, Karl-Otto, *El camino del pensamiento de Charles S. Peirce,* Ignacio Olmos (trad.), Madrid, Visor, 1997.

ARAGÜÉS, Juan Manuel (coord.), *Gilles Deleuze: un pensamiento nómada*, Mira Editores, Zaragoza, 1997.

— *Deseo de multitud. Diferencia, antagonismo y política materialista*, Valencia, Pre-Textos, 2018.

— «El conatus de lo común. Del capitalismo idiota a la sociedad koinota», *Disenso, revista de pensamiento político, Año 4, 2023, enero, V, pp. 66-81.*

ARENDT, Hannah, *Los orígenes del totalitarismo,* Madrid, Taurus, 1998.

— *¿Qué es la política?,* Rosa Sala Carbó (trad.), Barcelona, Paidós, 2001.

AVANESSIAN, Armen (ed.), *Realismo especulativo*, Mauro Reis (trad.), Madrid, Materia Oscura, 2019.

BARRIOS, Manuel, *Narrar el abismo. Ensayos sobre Nietzsche, Hölderlin y la disolución del clasicismo,* Valencia, Pre-textos, 2001.

BATAILLE, Georges, *La soberanía*, Isidro Herrera (trad.), Madrid, Arena Libros, 2021.

BAUDRILLARD, Jean, *La agonía del poder,* Marisa Pérez Colina, Carrasco Conde (trad.), Madrid, Círculo de Bellas Artes, 2021.

BAZZICALUPO, Laura, *Biopolítica. Un mapa conceptual,* Daniel J. García (trad.), Santa Cruz de Tenerife, Melusina, 2016.

BEY, Hakim, *T.A.Z.*, Valentina Maio (trad.), Madrid, Enclave, 2014.

BUKOWSKI, Charles, *Peleando a la contra*, José Manuel Álvarez (trad.), Barcelona, Anagrama, 1997.

— *Ausencia del héroe. Relatos y ensayos inéditos (1946-1992),* Eduardo Iriarte (trad.), Barcelona, Anagrama, 2012.

CABANAS, Edgar e ILLOUZ, Eva, *Happycracia,* Barcelona, Paidós, 2019.

CAMPILLOS, Luis Ángel, *Gusanos y goteras. Ontología de fuerzas. Texturas. Modos de habitar,* Zaragoza, Prensas de la Universidad de Zaragoza, 2025.

CAPIZZI, Antonio, *La República cósmica. Apuntes para una historia no peripatética del nacimiento de la filosofía en Grecia,* Jose María Villoria (trad.), Zaragoza, Prensas de la Universidad de Zaragoza, 2024.

CARPENTER, Edmund Carpenter y MCLUHAN, Marshall (coord.), *El aula sin muros,* Luis Carandell (trad.), Barcelona, Laia, 1974

CASTORIADIS, Cornelius, *Figuras de lo pensable. Las encrucijadas del laberinto VI,* Vicente Gómez (trad.), México D.F., Fondo de Cultura Económica, 2002.

CLASTRES, Pierre, *Investigaciones en antropología política,* Estela Ocampo (trad.), Barcelona, Gedisa, 1981.

— *La sociedad contra el Estado,* Ana Pizarro (trad.), La Plata, Terramar, 2008.

— *Arqueología de la violencia. La guerra en las sociedades primitivas,* Ion Paimó (trad.), Madrid, Enclave, 2021.

COMITÉ INVISIBLE, *La insurrección que viene,* Pichel Montoya y Yaiza Nerea (trad.), Santa Cruz de Tenerife, Melusina, 2010.

— *A nuestros amigos,* Vicente E. Barbarroja y León E. Barrera (trad.), Logroño, Pepitas editorial, 2015.

— *Ahora,* Diego Luis Sanromán (trad.), Logroño, Pepitas editorial, 2017.

DEBORD, Guy Debord, *La sociedad del espectáculo,* José Luis Pardo (trad.), Valencia, Pre-Textos, 2012.

DELADALLE, Gérard, *Leer a Peirce hoy,* Lia Varela (trad.), Barcelona, Gedisa, 1996.

DELANDA, Manuel, *Teoría de los ensamblajes y complejidad social,* Carlos DeLanda Acosta (trad.), La Plata, Tinta Limón, 2021.

— *Ciencia intensiva y filosofía virtual,* Pablo Veas Orellana (trad.), Buenos Aires, Tinta Limón, 2024.

DANOWSKI, Déborah y VIVEIROS DE CASTRO, Eduardo, *¿Hay mundo por venir? Ensayo sobre los miedos y los fines,* Rodrigo Álvarez (trad.), Buenos Aires, Caja negra, 2019.

DELEUZE, Gilles, *El pliegue. Leibniz y el barroco,* José Vázquez (trad.), Barcelona, Paidós, 1989.

— *Conversaciones,* José Luis Pardo (trad.), Valencia, Pre-textos, 1995.

— *El bergsonismo,* Luis Ferrero Carracedo (trad.), Madrid, Cátedra, 1997.

— *Nietzsche y la filosofía,* Carmen Artal Rodríguez (trad.), Barcelona, Anagrama, 2008.

— *Lógica del sentido,* Miguel Morey (trad.), Barcelona, Paidós, 2010.

— *Derrames. Entre el capitalismo y la esquizofrenia,* Pablo Ires y Sebastián Puente (trad.), Buenos Aires, Cactus, 2017.

— *Diferencia y Repetición,* María Silvia Delpy (trad.), Buenos Aires, Amorrortu, 2017.

— *En medio de Spinoza,* Equipo Editorial Cactus (trad.), Buenos Aires, Cactus, 2019.

DELEUZE, Gilles y GUATTARI, Felix, *Mil mesetas. Capitalismo y esquizofrenia.* José Vázquez Pérez (trad.), Valencia, Pre-textos, 1997.

— *¿Qué es la filosofía?* Thomas Kauf (trad.), Barcelona, Anagrama, 2001.

— *El AntiEdipo. Capitalismo y esquizofrenia,* Francisco Monge (trad.), Barcelona, Paidós, 2004.

DESPRET, Vinciane, *Cuando el lobo viva con el cordero,* Sebastián Puente (trad.), Buenos Aires, Cactus, 2023.

DIDI-HUBERMAN, Georges, *Supervivencia de las luciérnagas,* Juan Calatrava (trad.), Madrid, Abada, 2017.

— *Desear. Desobedecer. Lo que nos levanta, 1,* Juan Calatrava y Alessandra Vignotto (trad.), Madrid, Abada, 2020.

— *Imaginar. Recomenzar. Lo que nos levanta, 2,* Juan Calatrava (trad.), Madrid, Abada, 2023.

ESPOSITO, Roberto, *Comunidad, inmunidad y biopolítica,* Alicia García Ruiz (trad.), Barcelona, Herder, 2020.

EZQUERRA GÓMEZ, Jesús, *El espejo de Dioniso. La ateología hegeliana.* Madrid, Biblioteca Nueva, 2017.

— *Un claro laberinto. Lectura de Spinoza,* Zaragoza, Prensas de la Universidad de Zaragoza, 2014.

— *Pólis y caos. Reflexiones sobre el principio de la política,* Zaragoza, Prensas de la Universidad de Zaragoza, 2021.

FOUCAULT, Michel, *Hay que defender la sociedad, Horacio Pons (trad.), Madrid, Akal, 2003.*

— *La vida de los hombres infames,* Julia Varela y Fernando Álvarez-Uría (trad.), La Plata, Altamira, 2006.

— *El nacimiento de la biopolítica, Horacio Pons (trad.), Madrid, Akal, 2009.*

— *Vigilar y castigar,* Aurelio Garzón del Camino (trad.), Madrid, Biblioteca Nueva, 2012.

— *Del gobierno de los vivos,* Horacio Pons (trad.), Buenos Aires, Fondo de Cultura Económica, 2014.

— *Esto no es una pipa. Ensayo sobre Magritte,* Francisco Monge y Joaquín Jordá (trad.), Barcelona, Anagrama, 2021.

GARCÍA, Raúl, *La Anarquía Coronada. La Filosofía De Gilles Deleuze,* Buenos Aires, Colihue, 1999.

GÓMEZ DÁVILA, Nicolás, *Escolios a un texto implícito,* Girona, Atalanta, 2009.

GROSZ, George, *Un sí menor y un No mayor,* Helga Pawlowsky (trad.), Madrid, Anaya, 1991.

HARAWAY, Donna, *Las promesas de los monstruos,* Jorge Fernández (trad.), Salamanca, Holobionte, 2019.

HARDT, Michael y NEGRI, Antonio, *Multitud: guerra y democracia en la era del Imperio,* José Antonio Bravo (trad.), Barcelona, Debate, 2004.

HEIDEGGER, Martin, *La pregunta por la técnica,* Jesús Adrián Escudero (trad.), Barcelona, Herder, 2021.

HORKHEIMER, Max y ADORNO, Theodor W., *Dialéctica de la Ilustración,* Juan José Sánchez (trad.), Madrid, Trotta, 2024.

HUI, Yuk, *Recursividad y contingencia,* Maximiliano Gonnet (trad.), Buenos Aires, Caja Negra, 2022.

ILLICH, Ivan, *El derecho al desempleo útil y sus enemigos profesionales,* Isabel Martín Riera (trad.), Madrid, Díaz & Pons, 2015.

INGALA GÓMEZ, Emma, «Salvar lo infinito. La filosofía de Gilles Deleuze», *Ontology Studies,* 2010.

LA BOÉTIE, Étienne, *Discurso sobre la servidumbre voluntaria,* Jorge Álvarez Yáguez e Isabel Sobrino Mosteyrín (trad.), Madrid, Akal, 2022.

LATOUR, Bruno, *La esperanza de Pandora. Ensayos sobre la realidad de los estudios de la ciencia,* Tomás Fernández Aúz (trad.), Barcelona, Gedisa, 2021.

LAVAL, Christian y DARDOT, Pierre, *Común. Ensayo sobre la revolución en el s. XXI,* Alfonso Díez (trad.), Barcelona, Gedisa, 2015.

LORDON, Frédéric, *Los afectos de la política,* Julien Canavera (trad.), Zaragoza, Prensas de la Universidad de Zaragoza, 2017.

MBEMBE, Achille, *Necropolítica*, Elisabeth Falomir (trad.), Santa Cruz de Tenerife, Melusina, 2011.

McLUHAN, Marshall, *Comprender los medios de comunicación. Las extensiones del ser humano*, Patrick Ducher (trad.), Barcelona, Paidós, 1996.

MOSTERÍN, Jesús, «La insuficiencia de los paradigmas metafóricos en psicología», *Revista de la Asociación Española de Neuropsiquiatría*, 2003, n.º 85, pp. 89-104.

MOUFFE, Chantal, *En torno a lo político*, Soledad Laclau (trad.), Buenos Aires, Fondo de Cultura Económica, 2007.

— *El poder de los afectos en la política. Hacia una revolución democrática y verde*, Soledad Laclau (trad.), Madrid, Siglo XXI, 2023.

NEGARESTANI, Reza, *Ciclonopedia*, Hugo Castignani (trad.), Madrid, Materia Oscura, 2016.

NIETZSCHE, F., *Obras completas vol. III*, Pablo Simón (trad.), Buenos Aires, Prestigio, 1970.

— *La genealogía de la moral*, Andrés Sánchez Pascual (trad.), Madrid, Alianza, 1980.

— *El crepúsculo de los ídolos*, J. Mardomingo Sierra (trad.), Barcelona, Folio, 2007.

— *La voluntad de poder*, Aníbal Froufe (trad.), Madrid, Edaf, 2020.

NÚÑEZ, Amanda, *Gilles Deleuze. Una estética del espacio para una ontología menor*, Madrid, Arena, 2019.

PARIKKA, Jussi, *Una geología de los medios*, Maximiliano Gonnet (trad.), Buenos Aires, Caja Negra, 2021.

PATTON, Paul, *Deleuze y lo político*, Margarita Costa (trad.), Buenos Aires, Prometeo, 2021.

PEIRCE, Charles Sanders, *Obra filosófica reunida. Charles Sanders Peirce. Tomo I (1867-1893)*, Nathan Houser y Christian Kloesel (ed.), Darin McNabb (trad.), Fondo de cultura económica, México D.F., Fondo de Cultura Económica, 2012.

— *Obra filosófica reunida. Charles Sanders Peirce. Tomo II (1893-1913)*, Nathan Houser y Christian Kloesel (ed.), Darin McNabb (trad.), Fondo de cultura económica, México D.F., Fondo de Cultura Económica, 2012.

PLATH, Sylvia, *Soy vertical, pero preferiría ser horizontal*, Juan Abeleira Álvarez (trad.), Barcelona, Penguin, 2024.

PRIGOGINE, Ilya y STENGERS, Isabelle, *Entre el tiempo y la eternidad*, Javier García Sanz (trad.), Madrid, Alianza, 1990.

ROSA, Hartmut, *Resonancia*, Alexis E. Gros (trad.), Madrid, Katz, 2020.

— *¡Aceleremos la resonancia!*, Cristopher Morales (trad.), Barcelona, NED, 2023.

ROUSSEAU, Jean Jacques, *Discurso sobre el origen de la desigualdad entre los hombres*, Jordi Beltrán (trad.), Barcelona, Alhambra, 1985.

SACKS, Oliver, *Veo una voz. Viaje al mundo de los sordos*, José Manuel Álvarez (trad.), Barcelona, Anagrama, 2006.

SAUVAGNARGUES, Anne, *Deleuze. Del animal al arte*, Madrid, Amorrortu, 2006.

SIMONDON, Gilbert, *La individuación a la luz de las nociones de forma y de información*, Pablo Ires (trad.), Buenos Aires, Cactus, 2019.

SLOTERDIJK, Peter, *Esferas I*, Isidoro Reguera (trad.), Madrid, Siruela, 2003.

— *Esferas II*, Isidoro Reguera (trad.), Madrid, Siruela, 2003.

— *Esferas III*, Isidoro Reguera (trad.), Madrid, Siruela, 2006.

— *El imperativo estético*, Joaquín Chamorro Mielke (trad.), Madrid, Akal, 2020.

SOURIAU, Étienne, *Los diferentes modos de existencia*, Sebastián Puente (trad.), Buenos Aires, Cactus, 2017.

— *Tener un alma. Ensayo sobre las existencias virtuales*, Sebastián Puente (trad.), Buenos Aires, Cactus, 2021.

SPINOZA, Baruch, *Tratado teológico-político*, Atilano Domínguez (trad.), Madrid, Alianza, 2014.
— *Ética*, Vidal Peña (trad.), Madrid, Alianza, 2018.
STENGERS, Isabelle, «Deleuze and Guattari's Last Enigmatic Message», *Angelaki, 10* (2), 2005, pp. 151-167.
THOUREAU, Henry David, *Walden,* Javier Alcoriza (trad.), Madrid, Cátedra, 2010.
TIQQUN, *Introducción a la guerra civil,* Raúl Suárez Tortosa y Santiago Rodríguez Rivarola (trad.), Santa Cruz de Tenerife, Melusina, 2008.
— *Esto no es un programa,* Javier Palacio Tauste (trad.), Madrid, Errata Naturae, 2014.
TRÍAS, Eugenio, *La dispersión,* Madrid, Taurus, 1971.
VIRILIO, Paul, *Amanecer crepuscular,* Ezequiel Zaidenwerg (trad.), Buenos Aires, Fondo de Cultura Económica, 2003.
— *Ciudad Pánico. El afuera comienza aquí,* Iair Kon (trad.), Buenos Aires, Libros del Zorzal, 2006.
WAGENSBERG, Jorge (ed.), *Proceso al azar,* Joaquín Boya, Alfons Cornellá et al (trad.), Barcelona, Tusquets, 1986.
WARK, McKenzie, *Un manifiesto hacker*, Laura Manero (trad.), Barcelona, Alpha Decay, 2006.
— *La playa bajo la calle,* José Luis Piquero (trad.), Madrid, Hermida, 2018.